남자도
모르는
남성에
대하여

남자도
모르는
남성에
대하여

한 철학자의 섹슈얼리티 탐구

모리오카 마사히로 지음 | 김효진 옮김

행성B

일러두기

-이 책은 2005년에 출간된《남자는 원래 그래?》개정증보판이다.

-* 글은 모두 옮긴이 주다.

이 책은 2005년에 《느끼지 못하는 남자感じない男》라는 제목으로 처음 출간되었다. 섹스 후 느끼는 '불감증', 일본 남성들에게 만연한 '롤리타콤플렉스'의 심리를 파고든 것으로 논쟁을 불러일으켰고, 일본 남성학의 기본 도서로 자리 잡았다.

이 책은 개정증보판이다. 초판 출간 후 체험한 것들을 추가했다. 그 덕분에 독자들은 더 넓은 시야에서 남성 섹슈얼리티의 진실을 알 수 있을 것이다.

나는 대학에서 철학과 윤리학을 가르치는 교수인데, 나의 성적 페티시즘과 사정 후의 공허감, 소녀들의 신체에 대한 성적 관심에 관해 상세히 털어놓았다. 철학자가 자신의 섹슈얼리티를 이렇게 깊게 파고든 건 거의 세계 최초다. 탐구할수록 이 섹슈얼리티가 단지 나만의 얘기가 아니란 사실이 점점 명백해졌다. 여성 독자는 분명 남자 마음 깊숙한 곳에 교묘하게 숨겨져 있던 기묘한 섹슈얼리티에 대해 본격적으로 알게 될 것이다.

1장에서는 내가 미니스커트에 끌리는 메커니즘을 분석한다. 숨기려는 것과 드러내려는 것 사이의 긴장관계가 미니스커트에 대한 페티시즘을 낳는다. 2장에서는 내 경험을 바탕으로 사정 후의 공허감을 분석한다. 나는 사정 중에 잠깐 쾌락을 얻을 뿐 이후에는 커다란 허탈감으로 추락하고 만다. 그래서 사정 후에는 성적인 것에서 거리를 두고 싶어진다. 나는 이러한 증상을 '남성 불감증'이라고 불렀다. 아마도 나와 비슷한 경험을 하고 있는 남자가 많으리라. 그러나 남성 문화 안에선 이런 사실을 말할 기회가 적다. 미디어에서 사정은 거의 항상 커다란 쾌락으로만 그려진다. 남성 불감증을 안고 있는 남성은 포르노를 일종의 자해 행위로 소비하고 있다는 생각도 밝혔다.

3장에서는 여자 중고생 교복에 왜 내가 끌리는지에 대해 생각했다. 일본 만화와 애니메이션에서 소녀 교복이 성적인 상징으로 쓰인다는 건 한국에서도 알려져 있지 않을까? 내 마음속을 탐색한 끝에 나는 교복 입은 소녀를 세뇌하고 싶다는 욕망과 교복이 시사하는 학교라는 것에 대한 애착 그리고 교복 입은 소녀의 몸으로 갈아타고 싶다는 욕망을 찾아냈다. 이런 내용은 이전의 섹슈얼리티 연구에선 말하지 않았던 것들이다.

4장은 이 책에서 가장 물의를 일으킨 부분이다. 나는 12세 전후 소녀들에게 성적인 매력을 느낄 수 있다. 책에 이런 고백을 담은 경우는 거의 없을 것이다. 나는 왜 이런 롤리타콤플렉스가 내 안에서 길러졌는가를 고찰하고 몇 가지 가설을 제창했다. 가설은 많은 일본 독자를 당황시켰다. 한국 독자들은 어떻게 반응할지 궁금하다.

5장에서는 내 몸을 고찰했다. 내 마음 깊은 곳에 '남자인 내 몸은 더럽다'는 생각이 스며들어 있다는 사실을 발견했다. 그것은 몽정과 함께 자위를 시작했을 때 새겨졌고, 그것이 나를 '느끼지 못하는 남자'로 성장시켰다. 5장 후반에서는 느끼지 못하는 남자에서 탈출하려면 어떻게 하면 좋을지도 생각해 보았다. 남성성을 직시하면 섹슈얼리티를 천천히 바꿔 나갈 수 있으리라 본다.

책 말미에 책을 낸 후 일어났던 일도 담았다. 당시 대중매체와 인터넷에 이 책에 대한 부정적인 코멘트가 다수 게재되었지만, "참 잘 써 주었다"는 응원의 목소리도 적지 않았다. 여성들이 공감하는 목소리도 있었다. 나는 그 목소리들에서 구원받고 용기를 얻었다.

이 책이 다시 출간되니 매우 기쁘다. 독자 여러분도 부디

자신의 섹슈얼리티를 파고들어 거기서 알아낸 것들을 삶에
변화를 주는 동력으로 삼기 바란다.

2017년 8월 30일 모리오카 마사히로

남자도 모르는 남성에 대하여

　이번에《느끼지 못하는 남자》한국어판이 나오게 되었다. 매우 기쁘다. 옮긴이 김효진 씨는 일본 하위문화를 구석구석 잘 알고 있어 분명 훌륭하게 번역했을 것이다.

　일본 문화는 섹스에 관해서는 관대하다. 에도 시대의 춘화도 세계적으로 유명하고 최근에는 미소녀 애니메이션과 동인지가 세계적으로 인기를 얻고 있다. 일본 편의점에서는 남성용 포르노 잡지뿐만 아니라 여성용 포르노 만화도 당당하게 팔리고 있다.

　일본의 성 문화는 이렇듯 개방적이지만 이 책은 펴내자마자 큰 방향을 불러일으켰다. 그 이유는 남자들이 지금까지 몰래 숨겨 온 성의 비밀을 거리낌 없이 고백하고 분석하였기 때문이다. 실제로 내자마자 블로그를 중심으로 300건 이상의 서평과 댓글이 붙었고 찬반양론은 아직도 계속되고 있다.

　나는 이 책에 대한 일본 보수파의 총공격을 예상하고 있었다. 왜냐하면 보수파들은 '남자는 남자답고 여자는 여자다워야' 한다고 생각하므로 이 책이 말하듯 남자가 소녀로 다시 태어나고 싶어 한다든지 남자는 사정해 봐야 별다른 느낌이 없다든지 하는 주장은, 일본 남자를 더더욱 제구실을 못하게 한다며 분노할 것이라고 생각했기 때문이다. 그런데 뜻밖에 보수파의 공격은 거의 없었다.

그 대신 내가 말한 '자기 몸을 긍정할 수 없는 남자들'과 성적인 만족감은 오로지 소녀 이미지를 통해서만 얻을 수밖에 없는 남자들에게서 지지와 공감의 목소리가 속속 도착했다. 물론 소녀 이미지와 자신의 성적 만족 사이에 아무 상관이 없다고 보는 사람도 많았고 이 책의 가설에 동감하지 않는 독자도 많았다. 하지만 남자가 섹스에서 느끼는 쾌감이 대단치 않다는 점과 남자가 자기 몸을 긍정하고 있는 것도 아니라는 점에 대해서는 폭넓은 지지를 얻었다.

이런 반응은 일본 남성의 성 의식이 변하고 있음을 드러내는 것일까? 확실히 젊은 남성들 사이에서 '남자다움'은 서서히 사라지고 '다정한' 남성이 늘어나고 있는 것처럼 보인다. 여성들은 이런 다정한 남성의 출현을 기뻐하면서도 어느 구석에서는 성적인 불만을 느끼고 있는지 모르겠다. 한편 롤리타콤플렉스가 일본 사회 구석구석까지 퍼져 나가 상품화된 소녀의 이미지가 여기저기 넘쳐나고 있다. 소녀 아이돌 스타를 동경해 쫓아다니는 성인 남성도 대단히 많다.

나는 이 책이 한국에서 어떤 반향을 불러일으킬지 정말 궁금하다. 징병제가 있는 한국에서는 군대가 남자에게 남성 다움을 주입한다. 성에 대한 수치심이 일본보다 더하다는 얘기도 들었다. 이 책이 일본에서는 놀라움의 대상이었지만 한국에서는 어떨까? '일본'이라는 퇴폐적인 나라에서 나온 이상한 책이니 자신과는 무관한 내용이라며 즐기게 될까?

이 책에서 할 수 있는 한 내 이야기를 많이 했다. 자기 이야기를 학문의 영역까지 끌어들여도 되는가 하는 의혹의 목소리도 많았다. 그러나 나는 의식적으로 이런 방법을 사용하고 있다. 내가 제창하는 학문이 '생명학'이며 그 방법론 가운데 하나가 이 책에 나오는 것과 같은 '자기 이야기'를 하는 것이다. 앞서 쓴 《무통문명》도 한국어로 번역되었는데 거기서도 내 이야기를 대담하게 밝히면서 현대 문명의 운명을 속속들이 살펴보았다. 이런 방법이 한국 독자들에게 어떻게 받아들여질지도 궁금하다. 일본에서는 생명학에 찬동하는 사람도 많지만 그에 대한 비판과 의심도 아직 뿌리가 깊다. 이 분야에 관심이 있다면 생명학 웹페이지(일본어판 www.lifestudies.org/jp, 영어판 www.lifestudies.org)를 참고하기 바란다.

그러면 서문은 이쯤 해 두겠다. 이제 본문을 차분히 읽어
주시면 고맙겠다.

2005년 7월 10일 모리오카 마사히로

남자도 모르는 남성에 대하여

차례

01 미니스커트만 있으면
진짜 여자는 필요 없다?

02 남자는 '남성 불감증'을 모른다

이 책의 주제는 '남성 불감증'이다. '느끼지 못하'기 때문에 남자들은 미니스커트다, 교복이다, 롤리타콤플렉스다, 성폭행이다 하는 망상에 휘둘리고 만다. 이 문제를 다루기 위해 '나' 자신의 경험을 있는 대로 털어놓을 작정이다. 남성 성에 대한 일반론이 아니라 한 사람의 남자인 나의 성은 실제로 어떤가 하는 데서부터 이 문제를 짚어 나가려 한다.

남성 독자는 자신을 되돌아보며 읽었으면 좋겠다. 여성 독자는 지금 사귀고 있는 바로 그 남자도 이 책에 나온 것과 같은 마음일 수 있다는 점을 생각하면서 읽었으면 좋겠다. 이미 각오는 되어 있다. 그 무엇도 두려워하지 않고 미지의 세계를 탐구해 나갈 작정이다.

이 책이 나오기까지의 경위는 이렇다. 나는 미니스커트와 포르노를 주제로 한 논문 두 편을 각각《어딕션addiction과 가족》(제17권 제4호, 일본기벽행동학회, 2000)과《여성학》(제10호,

일본여성학회, 2003)에 발표했다. 전문 학술지에 발표했기 때문에 몇 명이나 읽으랴 싶었는데 뜻밖에 반향이 있었다. 반향은 학계를 넘어섰다. 한 방송국의 심야 프로그램에서는 '미니스커트' 논문 일부를 자막까지 붙여 방송했다.

왜 이렇게까지 화제가 되었는지 어리둥절해하는데 누군가가 나에게 그 까닭을 설명해 주었다. 즉 내가 '나'를 주어로 해서 성에 대해 말하고 있기 때문이라는 것이었다. 당시 성에 관한 책은 대부분 '남자는 이렇다'라든지 '여자는 이렇다'는 식으로 말할 뿐 자신의 경우는 쏙 빼 버렸다. 그런데 나는 부끄러움 없이 나에 대해 말하고 있으니 재미있다는 것이다.

이 말에 용기를 얻었다. 그렇다면 '나는 이렇다'는 태도로 책을 써 보면 어떨까 싶었다. 이 책이 쓰인 배경이다. 앞서 말한 두 논문은 손보아서 1장과 2장에 실었다. 연구자가 이런 책을 써도 좋은가 하는 생각이 들었지만 다른 한편으로 연구자야말로 이런 시도를 해야 한다는 생각도 들었다.

남성의 성을 생각할 때 오늘날 가장 크게 참고할 만한 것이 페미니즘 관점이다. 페미니즘에 따르면 우리가 살고 있는 사회의 밑바탕에는 남성이 여성을 제멋대로 지배해 온 구조가 깔려 있으며, 성을 느끼고 생각하는 방법 또한 그 구조의 강력한 영향 아래 있다는 것이다.

그러나 이 책에서는 그런 이론을 일일이 소개하지 않았다. 그 대신에 내 생각과 가설을 처음부터 남김없이 드러내 보일 것이다. 이렇게 결심하기까지 고민이 많았지만 기존에 없던 관점을 제시하고 성 문제를 여러 각도에서 살필 계기를 마련하는 데에 이 책의 의의가 있다고 생각한다.

이 책에는 엽기적이고 상식에 어긋나는 내용도 많다. 그러나 그것은 나의 진실이다. 그 진실이 아주 조금이라도 독자의 마음에 가 닿기를 바란다.

남자도 모르는 남성에 대하여

—

미니스커트만 있으면 진짜 여자는 필요 없다?

나의 섹슈얼리티

자신이 물들어 있는, 성을 느끼는 방식과 사고의 유형을 '섹슈얼리티'라고 한다. 남성 섹슈얼리티를 고찰하기는 어렵다. 최근 와타나베 준이치渡辺淳一˙가《남자라는 것》에서 이에 대해 말한 적이 있지만 거기에는 '남자란 이런 것이다'는 일방적인 주장만 있을 뿐이다. 와타나베는 "남성 섹슈얼리티는 태어난 뒤로 전혀 변하지 않는다"고 믿고 있다.

• 주로 남녀관계를 다룬 대중소설 작가. 대표작으로 중년 남녀의 불륜을 그린 소설《실락원》이 있다. 이 작품은 베스트셀러가 되었을 뿐 아니라 영화로도 만들어지는 등 사회 현상으로까지 불릴 정도로 인기를 얻었다.

'남자는 원래 그래'라는 거짓말

하지만 나의 섹슈얼리티는 서른을 넘기면서부터 크게 변했다. 섹슈얼리티의 변화는 내 정체성의 근본을 흔들고, 내 삶의 방식을 크게 변화시켰다. 그 경험에 따라 나는 '남자는 원래 그래'라는 말이 거짓임을 온몸으로 실감했다. 그 말은 '남자는 원래부터 이렇다 치고, 남자들끼리 멋대로 하자'는, 남자들끼리의 말 맞추기에 지나지 않는다.

남성 섹슈얼리티에 대한 연구는 이제 막 시작되었다. 이 장에서는 평소 염두에 두었던 한 가지 주제를 살펴보고 싶다. 그것은 '왜 나는 미니스커트에 성적으로 흥분하는가' 하는 문제다. 나는 여기서 일부러 일인칭 시점으로 말하려 한다. 그 이유는 모든 남자가 반드시 미니스커트에 흥분한다고 할 수는 없기 때문이다. 다만 많은 남자가 미니스커트에 흥분한다는 것은 경험에 비추어 볼 때 확실하다. 만화에서 남자가 미니스커트를 입은 여자에게 무심코 시선을 빼앗기는

•영어의 companion에서 온 말. 파티 등에서 시중을 드는 여성을 일컫는다.
••자동차 경주에서 소속된 팀을 응원하거나 선수의 시중을 담당하는 여성. 자동차 경주의 주된 관객인 남성 팬의 시선을 겨냥한 측면도 크다고 한다.

남자도 모르는 남성에 대하여

장면이 흔하다. 콘파니온*과 레이스퀸**도 대부분 미니스커트 차림이다.

자신의 섹슈얼리티를 돌아볼 때 크나큰 고통과 부끄러움이 없을 수 없다. 그것은 남성이건 여성이건 마찬가지일 것이다. 예컨대 나는 미니스커트를 두고 오랫동안 자문자답해 왔다. 몇 가지는 명확해졌지만 아직까지 알 수 없는 것도 많다. 수수께끼가 풀려서 안심했던 적도 있다. 먼저 인상적인 두 가지 예를 소개한다.

NHK 교육방송 프로그램 출연 때문에 신주쿠 니쵸메***에 있는 여장 클럽을 방문한 일이 있다. 여장한 남성끼리 술도 마시며 즐겁게 수다를 떠는 곳이었다. 여장한 남성들마다 개성이 있어서 매우 즐거웠다. 인터뷰를 진행하고 있는데 그중 한 명이 소파에서 슬쩍 일어났다. 그 사람은 보디콘**** 미니스커트를 입고 있어서 다리에서 허리로 올라가는 선이 마치 여성과도 같았다. 그 모습을 보고 나는 무심코 흥분하고 말았다. 그것은 충격적인 체험이었다. 나는 취재하러 여장 클럽

***게이들의 거리로 유명한 도쿄의 환락가.
****'몸body'을 '의식하는conscious'이라는 영어 단어를 조합해서 만든 일본식 조어. 1990년대 초반에 크게 유행했던 스타일로, 몸에 달라붙어 몸의 곡선을 강조한다.

에 갔다. 그러니 거기 있는 사람들이 생물학적으로 남성이라는 사실을 미리 알고 있었다. 그런데 미니스커트 차림에 보기 좋게 반응해 버리고 말았던 것이다.

나는 내가 미니스커트를 좋아한다는 사실을 잘 알고 있었다. 그러나 그 일을 겪기 전까지는 '미니스커트 입은 여자'를 좋아한다고 생각했다. 그것이 보기 좋게 뒤집어진 것이다. 말하자면 남자가 미니스커트를 입고 있더라도 다리가 여자처럼 예쁘다면 나는 그 미니스커트 차림에 흥분하게 될 것이다. 도대체 어찌된 일인가.

또 다른 예가 있다. 꽤 젊었을 때 겪은 일이다. 지하철에서 초미니스커트 입은 여성을 보았다. 나도 모르게 슬금슬금 그녀의 허벅지에 눈이 갔고 그렇게 두근거리다 흥분하고 말았다. 그런데 전동차가 역에 도착해 그녀가 일어서는 순간, 초미니스커트라고 생각했던 것이 실은 스커트가 아니라 퀼로트*라는 사실을 알았다. 그 순간 성적 흥분이 순식간에 가라앉고 마치 지옥에 떨어진 것 같은 실망감이 이어졌다.

도대체 어찌된 영문인가? 초미니스커트든 퀼로트든 가랑이로부터 노출되어 있는 허벅지 면적은 같을 것이다. 길이가

---

*반바지 모양의 치마.

남자도 모르는 남성에 대하여

짧은 퀼로트의 경우 멀리서 보면 마치 초미니스커트처럼 보인다. 둘 중에 무엇을 입었든 노출된 하반신 모습은 거의 비슷하다. 바뀐 것은 내 머릿속뿐이다. 머릿속 망상이 '초미니스커트를 입었잖아'에서 '퀼로트네' 하는 실망으로 급작스레 바뀐 것이다.

미니스커트를 둘러싼 남녀의 엇갈림

이 두 가지 예에서 무엇을 알 수 있는가?

결론부터 말하자면 핵심은 아무래도 '의미화'(눈앞의 물체에서 의미를 발견하려는 마음의 움직임)일 듯하다. 즉 '퀼로트가 아니라 미니스커트'가 있다고 하는 의미 부여가 핵심이다. 즉 미니스커트의 특징은 단순히 치마 길이가 짧다는 것뿐만이 아니다. 미니스커트의 치맛단을 보자마자, 잘하면 팬티까지 보이지 않을까 하는 망상이 남성의 머릿속에 피어오른다는 점이 중요하다.

미니스커트를 화제로 해서 여성과 이야기를 나누다 보면 많은 여성이 내 섹슈얼리티의 핵심을 이해하지 못한다는 사실을 깨닫게 된다. 남자가 미니스커트에 흥분하는 까닭이 무엇이라고 생각하는지 여성에게 물으면 "다리가 예쁘게 보이니까요. 그러니까 좋은 거죠"라고 한다. 가장 흔한 답이다. 물론 나도 가늘고 적당히 부풀어 오른 예쁜 다리를 보면 '좋은데!' 하는 생각이 든다. 그렇지만 그것은 내가 미니스커트에 흥분하며 느낀 실제의 감각과는 다른 것이다. '남자와 여자의 엇갈림'이라는 말이 있는데 이것이야말로 딱 들어맞는 경우다. 여자들의 의견을 종합하면, 남자는 미니스커트에 노출된 예쁜 다리에 흥분하고 있다는 것이 된다. 그 때문에 어떤 여자들은 자신도 다리를 예쁘게 해서 남자의 시선을 받고 싶다고 생각할지도 모르겠다.

하지만 실제 내가 집착하는 것은 미니스커트 속이 보일 수도 있다는 가능성, 말 그대로 그 한 지점이다.

숨기느냐 마느냐

그렇다면 여기서 잠시 테니스웨어에 대해 생각해 보자. 테니스웨어는 극단적인 미니스커트다. 움직일 때마다 언더스커트가 다 보인다. 하지만 결론부터 말하면 나는 테니스웨어에는 전혀 흥분하지 않는다. 단순한 운동복으로 여길 뿐이

남자도 모르는 남성에 대하여

다. 그렇다면 보디콘 미니스커트와 테니스웨어의 차이는 어디에 있는 것일까? 여자 프로테니스 선수 힝기스가 치마 아래 보이는 언더스커트에 상품의 로고를 인쇄했다는 사실은 무언가를 시사한다. 테니스웨어는 치마 속을 대놓고 '보여 주기' 위한 옷이다. 그래서 나는 그것에 흥분하지 않는 것이다.

즉 나의 섹슈얼리티는 이것 보라는 식으로 '노골적으로' 드러낸 것에는 성적으로 흥분하지 않도록 만들어졌다. 어떤 의미에서 이것은 성폭행범의 섹슈얼리티와 닮았는지 모른다. 성폭행범은 싫어하는 여자를 성폭행하는 데 집착하고, 싫어하지 않는 여자에게는 그렇게까지 흥분하지 않는다고 한다. '싫어하는가, 싫어하지 않는가'에 집착하는 성폭행범과 '가리고 있는가, 노골적으로 드러냈는가'에 신경 쓰는 나는 많이 닮았다.

치마 속이 훤히 드러나지 않은 쪽이 좋다면 롱스커트는 어떨까? 롱스커트는 치마 속을 완전히 가리고 있으니까 말이다. 따라서 다음과 같이 정확하게 다시 말하지 않으면 안 된다. 즉 중요한 것은, 치마 속을 감추려는 의지가 있음에도 치마 속이 보일 듯 말 듯 하다는 점이다. 힝기스의 경우 아무리 치마 속이 보여도 그것을 가리려는 의지가 없기 때문에 성욕을 자극하지 못하는 것이다.

1990년대 초반에 크게 유행했던 보디콘 미니스커트 또한 나의 성적인 흥분의 기제를 자극하는 의상이다. 이는 분명 고약한 취향이기 때문에 부끄럽기는 하지만 사실이 그러니 할 수 없이 말해야겠다. 보디콘 미니스커트를 음미할 때의 초점은 여성이 걷거나 앉을 때마다 치맛단이 올라가는 지점이다. 신축성이 좋은 소재로 만들었으니 그럴 수밖에 없다. 바로 이것이 갈 데까지 간 미니스커트다. 즉 여자가 아무리 양손으로 미니스커트 단을 끌어당겨 내려도 미니스커트 단은 그 의지에 반하며 혼자 올라가 버린다. 보이지 않도록 단을 내려 보지만 자연히 올라가 치마 속이 들여다보일 것 같다. 그런 상황에 내 눈이 무심코 빨려 들어갈 때, 마음속에 미니스커트를 향한 욕정이 나타난다.

미니스커트 아래 하얀 팬티

그렇다면 미니스커트 속에는 도대체 무엇이 숨겨져 있는 것일까? 성기인가? 문제는 그렇게 간단하지 않다. 만약 여성이 미니스커트 아래에 아무것도 입고 있지 않다면 어떨까 하는 문제가 남아 있기 때문이다. '노 팬티'라면 여기서 다시 어려운 문제에 직면한다. 미니스커트에 노 팬티라는 것 또한 남자의 성욕 기제를 자극하는 것 중 하나이기 때문이다. 나 역시 그 성욕 기제를 이해할 수 있다. 하지만 여기서는 더더욱 신중하게 생각하지 않으면 안 된다. 일단 미니스커트 속이 보이고 말았을 때, 거기에 성기가 드러나 있다고 하자. 그 때 나는 성적으로 흥분할까? 대답은, '천만에'다. 흥분하지 않는다. 내 성욕 기제를 놓고 본다면 미니스커트 속에는 하얀 팬티가 있어야만 한다. 내 섹슈얼리티에서 성기는 '감싸여져 있어야 하는' 것이다. 저 너머에 무엇이 있는지를 알 수 없도록 하얀 천으로 단단히 감싸여 있어야 한다. 그리고 그 전체가 미니스커트 아래에서 지금이라도 보일 상태가 되어 있어야 한다. 즉 '감싸인 상태 바로 그것이 지금이라도 보일 듯하다'는 것이 핵심이다.

그렇다면 나는 팬티가 감싸고 있는 성기 그 자체에 몹시 신경을 쓰고 있는가? 그런 것만은 아니었다. 최초의 에피소드로 돌아가 보자. 나는 여장한 남자의 미니스커트에도 똑같이 흥분했다. 미니스커트를 입고 있는 사람이 생물학적으로 남성이라는 사실을 알고 있었는데도 말이다. 그러니까 팬티 안에 성기가 있다는 생각은 전혀 하지 않았는데도 흥분하고 말았다.

그러나 동시에 그 남자가 '여장'을 하고 있었다는 사실 또한 지나칠 수 없다. 스코틀랜드 민속 의상인 남성용 스커트를 짧게 해 놓는다고 해서 내가 그걸 보고 흥분할까? 아닐 것이다. 그렇다면 역시 핵심은 여성용 미니스커트와 여성용 팬티 사이에 있다. 즉 '미니스커트를 입은 여성이 눈앞에 있다'는 이미지만 확보된다면 그 뒤는 어쨌거나 상관없는 것이 된다. 실제로는 남성이 입고 있어도 마치 여성이 입고 있는 것처럼 보인다면 아무런 문제가 없다. 스커트를 입은 실제 인간에 흥분한 것은 아니기 때문이다.

물론 페미니즘이라면, 미니스커트에 하이힐을 신은 무방비 상태의 여성을 보며 남성이 느끼는 우월감과 지배욕이 남성의 욕망을 발동시킨다고 할 것이다. 그렇게 설명할 수도 있다. 하지만 미니스커트에 남성의 우위와 지배를 갖다 붙인 설명이 과연 이치에 맞을까? 성폭행과 사도마조히즘이라면 그런 식으로 설명하는 편이 낫겠지만, 미니스커트라면 그것만으로는 부족할 것 같다.

인형·애니메이션·만화, 무엇에 흥분하나

앞의 사실을 확인하고 더 나아가 보자. 만약 정말로 실제 인간에게 흥분하고 있는 것이 아니라면 예를 들어 미니스커트를 입힌 마네킹을 보고 흥분하는 것은 가능할까? 그럴 수 있을 것이다. 그러나 성적 흥분은 약해진다. 왜냐하면 마네킹에는 움직임이 없기 때문이다. 움직임이 없어 미니스커트 특징인 가리기와 드러내기의 움직임에서 오는 긴장이 드러나기 힘들다. 그래서 마네킹에 대해서는 그 긴장감을 나의 상상력으로 보충하지 않으면 안 된다. 머리가 없으면 미니스커트를 입힌 마네킹에 흥분할 수 없다.

다만 할리우드의 특수 기술로 만든 '리얼돌'이라는 실리콘 인형이 있기는 하다. 그것에 미니스커트를 입히면 간단하게 흥분할 수 있을지 모른다. 실제로 그쪽 마니아도 있는 것 같다. 그렇다면 기계 장치로 움직이는, 미니스커트를 입힌 마네킹이 있다면 어떨까. 사람처럼 걷거나 앉는다면 진짜 여성을 대할 때처럼 흥분할 수 있을 것 같다. 최신 기술을 도입한 진짜 같은 여성형 로봇이 이미 연구 단계에 들어가 있으므로 머지않아 대중에게 팔릴 것이고 거기에 미니스커트를 입히는 남자도 많아질 것이다. 펠리니의 영화 〈카사노바〉에서 움직이는 여자 인형과 섹스하는 장면이 나온다. 움직이는 인형이 카사노바 성 편력의 종착점이라는 사실은 여러 가지를 생각하게 한다.

그렇다면 애니메이션과 만화도 당연히 성적 욕구를 불러일으킨다고 할 수 있다. 애니메이션에서는 움직임을 표현할수 있으니까. 〈신세기 에반게리온〉에 나오는 여성 대부분이 초미니스커트를 입고 있다. 그중에서도 가츠라기 미사토의 미니스커트는 충격적이다. 젊은이들 마음속 심층의 싸움을 훌륭히 묘사해 낸 이 걸작 애니메이션에 등장하는 여성들이 초미니스커트만을 입고 있다는 사실을 그냥 지나쳐서는 안된다. 신세기의 남자들은 이런 애니메이션을 통해 스스로의 섹슈얼리티를 만들어 낸다. 실제 여성이 없어도 가츠라기 정도로 충분히 흥분할 수 있다.

만화라면 미니스커트에 움직임을 넣어야 한다. 이에 성공한 예가 야가미 히로키의 《G-TASTE》 시리즈일 것이다. 야가미도 역시 초미니스커트 여성에 집착하고 있다. 그가 그리는 야한 색채의 여성들은 하나같이 제복 아니면 보디콘 등의 양복을 입고 있다. 누드가 없는 것은 아니지만 그가 그리려는 건 그것이 아니다. 여자들은 항상 무엇인가를 몸에 두르고 있다. 야가미가 노리는 것은 여자들이 몸에 두른 것을 완벽하게 그려 내는 것이다. 만화에 움직임을 도입하기 위해서 야가미는 미니스커트에 수없이 많은 선을 그려 넣는 기법을 개발했다. 그 덕분에 가리기와 드러내기의 긴장관계를 표현하는 데 성공한 것이다.

미니스커트만 있으면 진짜 여자는 필요 없다?

여자의 성기는 팬티에 감싸여 있다. 성기를 감춘 천이 보일 듯 말 듯 한 순간, 도대체 나는 왜 흥분할까? 그것에 답하기는 매우 어렵지만 한 가지 말할 수 있는 것은 치마 아래서 성기가 '보일지 모른다'고 생각해서 흥분하는 것은 아니라는 점이다. 오히려 정반대다. 만약 스커트가 뒤집어졌다고 해도 팬티가 성기를 감싸고 있으니 '보이지 않을 것이 틀림없다'고 여겨 흥분한다고 생각한다. '아무리 애써 봐야 보이지 않을 게 틀림없다'고 생각해서 짜릿한 것이다.

다른 하나는 팬티가 보일 듯 말 듯 한 상황이 우리에게 종교적인 감정을 불러일으킨다는 것이다. 조금씩 보이지만 절대 손이 닿지 않는 숭고한 것들에서 인간은 전통적으로 '신'의 모습을 느껴 왔기 때문이다. 미니스커트 안의 팬티가 성스러운 색인 '백색'이어야 하는 이유가 여기에 있다. 하얀 천 조각이 미니스커트 치맛단에서 보일 듯 말 듯 한 모습은 뭐라고 말할 수 없는 종교적인 분위기를 풍긴다.

남자가 미니스커트에 끌리는 이유는 미니스커트 안쪽에 팬티가 감춘 대단한 그 무엇, 이 세계를 초월한 것 같은 그 무엇이 슬쩍 보이는 것 같은 기분이 들기 때문이다. 그때 미니스커트를 입고 있는 실제의 여자, 즉 의지도 감정도 있는 진짜 여자는 남자를 방해하는 존재일 뿐이다. 미니스커트를 쳐다보는 남자의 시선이 여자에게 불쾌한 까닭은 자신을 미니스커트 입은 창녀로 보기 때문이 아니라 미니스커트만 있으면 자신은 필요 없다고 배제하는 것이 느껴지기 때문이리라. 이러한 시선을 던지는 사람이야말로 '느끼지 못하는 남자'이고, 그러한 시선은 롤리타콤플렉스와 교복 페티시즘 따위를 낳는 한 원인이다.

02

남자는
'남성 불감증'을
모른다

'남성 불감증'이란 무엇인가

이제부터 교복 페치*, 롤리타콤플렉스의 비밀을 차분하게 탐구할 것이다. 그에 앞서 먼저 남성의 성 감각부터 살펴보겠다. 너무 진지해서 조금 어두운 이야기가 될지도 모르지만 되도록 참고 읽어 주기 바란다. 이것을 생략한 채 남성의 성을 말하기는 어렵기 때문이다.

'나'의 포르노 체험

2002년에 열렸던 일본여성학회대회 심포지엄에서 나는 남성의 입장에서 본 포르노와 불감증에 대해 이야기했다. 저명한 페미니스트들 앞에서 발표하게 되어 상당히 긴장했다.

* '교복 페티시즘'을 일본식으로 줄인 말.

이야기하면서 내 체험을 많이 드러냈기 때문에 그날 발표는 녹음하지 않았다. 발표 내용은 《여성학》(제10호, 2003)에 실었으니 참고하기 바란다. 이 장은 그 내용을 다시 정리한 것이다.

심포지엄 주제는 〈남성과 포르노〉였다. 나는 내 체험을 바탕으로 포르노에 대해 이야기하기로 했다. 사실 남성의 섹슈얼리티는 매우 복잡해서 절대로 '남자라면 이렇다'고 말할 수 없기 때문이다. 지금 내가 말할 수 있는 것은 '나는 이렇다' 하는 것뿐이다. 그래서 이 책에서도 '나'를 주어로 삼아써 나가고자 한다. (이성애의 시점에서 말하는 까닭은 내가 여성에게 성적으로 흥분하기 때문이다. 결코 동성애를 경시해서가 아니다.)

지금까지 내가 즐긴 포르노물은 주변에서 쉽게 구할 수 있는 사진과 비디오였다고 잘라 말할 수 있다. 내가 보고 싶은 것은 흔하게 팔리고 있었다. 그러니 내 포르노 체험과 취향 또한 틀림없이 나와 비슷한 많은 남성에게도 해당될 것이다.

그렇다면 남자는 언제 포르노를 볼까? 내 경우는 왠지 포르노를 보고 싶을 때가 있다. 포르노를 보면서 자위할 때도 있고, 본 것만으로 만족해서 밥이나 먹으러 나갈 때도 있다. 자위를 했다 하면 흔히 사정까지 갔던 것 같다. 물론 사정하겠다는 분명한 목적으로 포르노를 보는 경우도 있었다.

남자도 모르는 남성에 대하여

홀로 남았다는 느낌

그럼 여기서 질문을 던져 보자. 사정한 다음 남자는 포르노를 어떻게 하는가? 자위와 사정을 한 뒤에 보고 있던 사진과 비디오를 어떻게 하느냐는 것이다. 내 경험으로 보면 답은 하나다. 사정을 하고서도 계속 포르노를 보는 일은 없다. 사정한 뒤에는 사진을 확 덮고 비디오 스위치를 탁 꺼 버린다. 한시라도 빨리 눈앞에서 지워 버리고 싶은 것이다. 당분간 포르노는 두 번 다시 보고 싶지 않은 물건이 되어 버린다. 그리고 기분 전환을 위해서 바깥으로 나가 신선한 공기라도 마시고 싶어진다. 왜일까. 그런 마음을 이해하려면 사정이라는 '소외 체험'(기분 좋은 세계에서 내던져져서 홀로 남았다는 느낌)에 대해서 알아 둘 필요가 있다.

사정에 대해서는 신화가 있다. 매우 기분이 좋은 최고의 체험이라는 신화다. '사정은 남자에게 최고의 체험이다'고 생각하는 사람이 틀림없이 많다. 특히 여자들은 단순하게 그것을 믿고 있지 않은가? 그러나 여기에 큰 함정이 있다. 경험에서 하는 말이지만 사정이 최고의 체험이라니 말도 안 된다! 사정은 '아, 전부 내보내 시원하다'는 배설의 쾌감에 지나지 않는다. 좀 더 생각해 보자. 사정을 하고 나서 감정이 복받쳐 '눈물을 흘리는' 남자가 있을까. '머릿속이 하얘지는' 남자가 있을까. 쾌감에 마비되어 '말이 제대로 나오지 않는' 남자가 있을까. 설령 섹스로 그 정도의 쾌감을 느낀다 해도 그게 과연 사정 덕분일까.

개인차가 있겠지만 여성 중에는 위에서 말한 것 같은 절정의 느낌을 맛보는 사람도 있다고 한다. 하지만 나는 그 정도로 기분 좋게 사정을 해 본 적이 한번도 없다. 사정을 할 때의 주변 풍경도 또렷이 기억난다. 팔 근육으로 자기 몸을 받치고 총을 든 병사처럼 주위를 선명하게 인식한 상태에서 성기가 꿈틀꿈틀 경련한다. 이것이 사정이다. 사정을 끝낸 뒤에는 순식간에 흥분에서 깨어난다. 조금 전까지 느꼈던 흥분은 어디론가 사라지고 그 대신 뭐라 말할 수 없는 공허감만 남는다.

무엇보다 사정을 하고 난 직후에 냉정한 평형감각과 운동 능력이 돌아온다. 그래서 바로 일어나서 속옷을 찾을 수도 있고 거리낌 없이 화장실에 갈 수도 있다. 섹스의 여운을 온몸으로 맛볼 시간적 여유조차 없다. 그때까지 유지한 성적 흥분이 사정한 다음에는 바로, 순식간에 사라져 버리기 때문이다. 나는 남자의 몸은 이런 식이라고 생각할 수밖에 없다. 거짓 없는 실제 내 느낌이다.

　　　　　　　　　남자도 모르는 남성에 대하여

사정은 배설이다

사정할 때 남자 기분이 그렇게까지 좋은 것은 아니라는 사실은 지금까지 몇 번이나 지적되어 왔다. 예를 들면 양석일*은 "사정은 배설 행위"라고 단언한다. "남자의 성은 정확히 오줌이 고여서 화장실에 가고 싶어지는 것을 참고 있는 듯한 상황이다. 따라서 방뇨하면 홀가분해지는 것처럼 사정해 버리면 남자의 성은 일단 가라앉는다"고 썼다.[1] 심리학자 라이히**도 느끼는 능력이 없는 남자에게 "성행위는 혐오감을 동반하는 배설에 지나지 않는다"고 썼다.[2] 칼럼니스트 벤추라도 냉정하게 말한다. "사정이란 많은 남자에게 꿈틀꿈틀하는 것 이외의 아무런 감각도 동반하지 않는 근육의 경련이다. 대부분 남자는 사정할 때 아무런 절정감도 느끼지 못한다."[3]

와타나베 준이치는 사정한 뒤의 기분에 대해 다음과 같이

---

* 재일교포 소설가. 일본 사회와 재일교포 문제를 깊게 다룬 것으로 유명하다. 대표작으로 《피와 뼈》가 있다. 이 소설은 영화로도 만들어졌는데, 기타노 다케시가 주연을 맡았다.

** 1897~1957. 프로이트 제자로 신프로이트 학파의 대표자. 사회가 억압하고 있는 성적인 에너지의 해방을 주장하였지만 시대를 앞서간 주장 때문에 박해를 받았다.

썼다. "남자는 사정한 순간에 전부가 끝난다. (…) 즉 강한 쾌감과 함께 방출해 버리면 그 뒤에는 죽음을 떠올리게 하는 허무감이라고 할 만한 것밖에 남지 않는다."[4]

내 경우를 돌이켜 보더라도 성적으로 흥분했을 때에는 사정 덕분에 무엇인가 대단한 쾌감의 세계에 갈 수 있을 것만 같다. 하지만 실제로 사정한 뒤에는 배신을 당해 황량한 사막에 혼자 남겨진 기분이 된다. 나는《생명학으로 무엇을 할 수 있는가》에서 이 소외 체험을 '남성 불감증'이라고 불렀다. 책을 인용하면, 다음 정도가 내가 실감하는 사정이다.

> 성교를 하는 동안과 사정을 하는 순간에는 분명히 쾌감을 느낀다. 그렇지만 결코 '머릿속이 하얗게 되는 것' 같지도 않고 '마음속에서 기쁨이 넘치는 것' 같지도 않다. 사정할 때마다 느끼는 쾌감이란 정액이 성기 안을 죽죽 흘러갈 때 일어나는 국부적인 경련에 지나지 않으며 '마음이 채워지는 듯한 충족감' 따위는 어디에도 없다는 사실을 억지로, 몇 번이고 다시 확인하게 된다.[5]

물론 나를 잊을 만큼 흥분할 때도 있다. 그렇지만 그것은 사정하기 전에, 즉 섹스를 하고 있는 동안에 정신적으로 느

남자도 모르는 남성에 대하여

낄 뿐이다.

남성 불감증의 핵심에 있는 것

남성 불감증은 다음 두 가지를 시사한다. 하나는 사정한다고 해서 그렇게 대단한 쾌감이 따라오지 않는다는 사실이다. 그것은 순간적인 배설의 쾌감에 지나지 않는다. 다른 하나는 사정한 뒤 순식간에 흥분이 깨어지고 온몸이 기운을 잃으며 어둡고 공허한 기분이 엄습한다는 사실이다. 나는 후자가 더욱 심각한 문제라고 생각한다. 왜냐하면 사정까지의 과정을 지연시켜 성적인 흥분을 오랫동안 맛보는 것이 가능하기도 하고 섹스 기술을 연구해서 사정의 쾌감을 조금은 높일수도 있지만 사정한 직후에 그 흥분이 순식간에 사라져 버리는 공허감만은 아무리 노력해도 절대로 없어지지 않기 때문이다. "죽음을 떠올리게 하는 허무감"이라는 와타나베의 표현은 정확하다. 사정의 결말은 언제나 이런 식의 절망적인느낌이라는 점, 이것이야말로 남성 불감증의 핵심이다.

불감증에 걸린 남자들이 도대체 얼마나 많은지는 알 수없다. 하지만 내가 그렇다는 것만은 확실하다. 여기서 불감증이라는 말을 쓰는 이유는 만약 같은 처지의 여성이 호소한다면 의사는 틀림없이 그녀에게 '불감증' 또는 '냉감증'이라고 진단할 것이기 때문이다.

그렇다면 거꾸로 불감증이 아닌 남성은 사정할 때 무엇을 체험할까? 만약 사정이 '배설의 쾌감' 이상이고 사정한 뒤에 채워진 듯한 충만감이 온몸을 감싸 그 여운이 길게 남고, 절대 공허한 느낌이 엄습하지 않는다면 '남성 불감증'이 아니라고 해도 좋다. 그러나 나는 사정할 때 그렇지 못하다.

'충만감-쾌감-패배감'의 반복

발기와 사정의 관계에 대해서는 다음과 같이 말할 수 있다. 일단 발기했을 때에는 뭐라고 말할 수 없는 충만감이 몸 안에 넘친다. 성기를 여자의 몸 안에 넣고 싶은 충동이 가득 차오른다. 그때 자기 부정의 감각은 거의 없다. 스스로가 남성이라는 사실을 의기양양하게 뽐내는 기분까지 있을지 모른다.

그러나 발기는 사정을 하면 끝난다. 한순간 배설하는 쾌감과 그 뒤에 엄습해 오는, 어쩔 수 없는 공허감. 즉 발기에서

남자도 모르는 남성에 대하여

사정에 이르는 과정은 '나는 이것으로 충분해' 하는 충만감이, 배설하는 한순간의 쾌감을 거쳐 손바닥을 뒤집듯이 허탈감과 공허감과 패배감으로 전락하는 과정이다. 이런 추락이 섹스할 때마다 또는 자위할 때마다 나를 덮친다. 사정한 다음 성적인 대상은 당분간 외면하고 싶은 기분이 들지만 시간이 지나면 또 성욕이 들끓어 같은 짓을 하고 만다. 이렇게 일생에 걸쳐 수도 없이 반복되는 추락하는 느낌, 이것이야말로 남성 불감증의 전형적인 증상이다. 물론 섹스를 해서 좋았다고 진심으로 생각할 때도 있다. 그러나 그것은 좋아하는 여자와 섹스할 수 있어서 좋았다는 정신적인 만족감과 행복감이지, 절대로 사정에서 온 만족은 아니다.

이렇게 추락하는 느낌과 마주하기 싫어서 남자의 의식은 사정 직전까지의 행위에 집중된다. 포르노 속 남자들도 사정하자마자 순식간에 화면에서 사라져 버린다. 아니면 포르노 자체가 끝난다. 사정한 다음을 의식에서 지우지 않으면 포르노는 성립하지 않는다.

좋아하는 여자와 섹스를 했다면 사정한 뒤에 오는 공허감을 '상대방 여자를 좋아한다'는 기분으로 정신적으로 메우는 일이 가능하다. 그럴 때에는 진심으로 '좋은 섹스'였다고 생각한다. 하지만 그것은 정신의 힘으로 육체가 느낀 추락의 감각을 외면하는 것일 뿐이다. 정신적으로 만족하는 섹스를 한 경우에도 사정한 뒤에 추락하는 느낌을 맛보고 만다.

불감증을 외면하는 남자들

보통 섹스를 해도 사정을 하지 못하거나 사정이 매우 늦어지는 것을 정신의학에서는 '남자의 오르가슴 장애male orgasmic disorder'라고 한다(DSM-Ⅳ:302.74). 하지만 여기에 내가 말하는 남성 불감증은 포함되어 있지 않다.

남자의 경우 발기부전, 조루, 지루 세 가지가 큰 관심사다. 제대로 서는가, 하고 싶을 때 바로 사정할 수 있는가 등에 관심이 집중된다. 그에 비해 사정 후 느꼈는지 아닌지는 큰 문제가 아니다. 그 증거로 섹스 테라피(성에 관한 고민을 다루는 임상 분야)의 표준 교과서인 카플란의 《뉴 섹스 테라피》(星和書店, 1991[원저, 1974])에서도 남성의 성 문제는 그 세 가지로 압축되어 있을 뿐 불감증은 언급하지 않는다.

임상에서 남성 최대의 성 문제는 발기부전, 여성의 경우는 불감증이라고 생각한다. 남성 불감증은 여성 불감증과 맞먹는 큰 주제라고 생각하지만 그렇게 생각하는 전문가

남자도 모르는 남성에 대하여

는 거의 없는 것 같다. 예를 들면 《심리임상대사전》(培風館, 2004[개정판])에서 불감증을 보면 "불감증은 여성 성 장애 가운데 하나로 성감이 없거나 미약하여 오르가슴을 얻지 못하는 경우를 말한다"고 쓰여 있다. 계속해서 꽤 자세한 설명이 붙지만 남성 불감증에 대해서는 전혀 다루지 않는다. 대개 불감증이라면 여성 불감증을 말하고, 또 그것은 치료가 필요한 증상이라고들 한다(남성 불감증에 해당하는 용어로 'male frigidity'를 쓰는 사람도 있지만 어디까지나 그것은 '남성 오르가슴 장애'라는 뜻이다. 또 카플란은 '부분적 사정 부전'을 다루고 있는데 그것은 내가 말하는 남성 불감증과는 다른 증상이다. 또 오늘날 섹스 테라피에서는 불감증 대신 '오르가슴 부전dysfunction'과 '오르가슴 부대anorgasmia'를 많이 쓰고 있는 듯하다.[6] 그러나 이 책에서는 내 나름대로 정의한 남성 불감증을 쓰고자 한다). 여기에는 어떤 메커니즘이 존재하고 있다.

여기저기서 '사정이나 방뇨나 그게 그거지' 하고 소곤거린다. 하지만 '사정해 봐야 오줌 누는 정도의 쾌감밖에 느끼지 못한다면 불감증이 아닐까' 하는 소리는 절대 공공연히 떠들어서는 안 될 것만 같다. 남성 우위 사회에서 그런 일은 있을 수 없는 것이다.

여자 앞에서 제대로 발기할 수 있는가, 여자를 느끼게 할 수 있는가? 이것이 남자에게 주어진 시련이다. 그것을 잘 해 냄으로써 남자는 자존심을 가질 수 있고 자기 긍정도 할 수 있는 구조다. 그러므로 사정하고 나서 아무리 공허감이 덮쳐 와도 남자의 머릿속에는 자신이 남자답게 섹스를 잘했나, 여자를 만족시켰나 하는 것으로만 가득할 뿐이다. 불감증 따위를 깊게 파고들 여유가 없다. 그러다 불감증은 어느새 남자들의 의식 바깥으로 밀려나 버렸다.

더 나아가 남성 불감증이라는 단어를 성 쾌감의 측면에서 보자면 여자가 아니라 남자 쪽이야말로 치료 대상이라는 사실을 보여 준다. 치료 대상까지는 아니더라도 남자의 성 쾌감 쪽에 근본적으로 문제가 있다는 사실을 드러낸다. 남성중심 사회에서 이런 시각은 매우 불편하다. 그래서 가능한 한 이 단어를 무시하려 들 것이다.

다시 말해 나는 '느끼지 못하는 남자'의 마음속에 '패배감'이 들어 있다고 생각한다. 여자가 느끼는 것 같은 쾌감을 절대 맛볼 수 없다는, 어떻게 해도 할 수 없다는 패배감 말이다. 페미니스트 오구라 치카코小倉千加子는 자신의 책에서 남자는 반응이 풍부한 여자에 경외심을 품고, "여자가 남자보다 몇 배나 기분이 좋다, 남자는 단순한 도구다"고 생각하며 불안감을 품게 된다고 분석했다. 확실히 그럴 것이다.[7]

남자도 모르는 남성에 대하여

애초부터 남자의 머릿속에는 '섹스할 때 여자는 굉장한 쾌감을 느낀다'는 환상이 있다. 성인 비디오와 영화를 봐도, 여자는 남자와 섹스할 때 몇 번이나 절정에 달해 쾌감에 몸을 떨고 있기 때문이다. 남자는 그 광경을 아무래도 자신의 사정과 비교하게 될 것이다. 그러나 여러 조사에 따르면 상당히 많은 여성이 섹스의 절정감을 느끼지 않는다는 사실이 분명해졌다(하이트•에 따르면 섹스 시 항상 절정감을 얻을 수 있는 여자는 26퍼센트였다. 절정감에도 개인차가 크다). 그런데도 비디오 속 여자는 항상 쾌감에 몸부림친다. 남자가 이런 포르노를 계속 보는 한 여자의 쾌감에 대한 환상이 남자들의 뇌리에서 사라지는 일은 절대 없을 것이다. 섹스는 불감증에서 벗어나지 못한 남자와 여자가 서로 '옆집 잔디는 푸르다'고 오해하면서 아무 말 없이 하는 행위가 되어 버렸는지도 모른다.

•남성 중심의 성과학을 비판하고, 여성 성 행동에 대한 폭넓은 설문 조사를 바탕으로 1976년에 《하이트 보고서》를 펴냈다. 이 보고서는 여성 섹슈얼리티 분야에서 고전이다.

음담패설의 속보이는 규칙

내 생각이지만 그래도 많은 남자가 자신이 불감증을 안고 있다는 사실을 조금은 알고 있지 않을까? 남자들의 음담패설을 들어 보면 그렇다는 걸 잘 알 수 있다. '어제 어디 있는 소프*에 다녀왔다. 거기 여자 정말 좋았다. 성기의 조임이 좋아서 최고였다' 따위를 자랑하면서도 사정이 어떤 식으로 좋았는가에 대해서는 거의 아무 말도 하지 않는 것이 음담패설의 규칙이다. 여자 몸의 성능은 자세히 말하지만 자신이 겪은 멋진 사정 체험에 대해서는 말하지 않는다. 남성용 주간지와 스포츠지에 있는 풍속 리포트**들도 대개 비슷한 느낌이다. 마치 무엇인가를 들키는 것이 두렵다는 듯 여종업원의 육체를 묘사하고 섹스 테크닉을 웅변하듯 떠든다. 그러나 자신이 사정 시 느낀 절정감에 대해서는 거의 아무 말도 하지 않는다.

---

*여성 종업원이 남성 고객을 목욕시키면서 성적인 서비스를 제공하는 일본식 윤락업소를 가리킨다. 과거엔 '터키탕'으로 불렸지만, 터키 정부의 항의로 소프랜드로 명칭이 바뀌었다. 줄여서 소프라고 한다.
**일본에서는 윤락업을 풍속업이라고 한다. 일반적인 성 매매에서부터 교묘히 법망을 빠져나온 갖가지 풍속업까지 발달해 있는데, 풍속업 체험을 매체에 기고하는 '풍속 리포터'라는 직종이 있을 정도다.

남자도 모르는 남성에 대하여

'누가 정말 좋았다' '어떤 행위가 최고였다'는 말만 넘친다. 그것은 마치 악마를 봉인하기 위한 '주문'같이 들린다. 실은 남성 불감증이야말로 봉인하지 않으면 안 되는 악마인 것이다. 다니구치 카즈노리谷口和憲***는 성매매를 하고 난 뒤의 기분을 다음과 같이 쓰고 있다. "나는 자신을 괴롭히고 있었다. 사정은 단순한 배설에 지나지 않았다. 나는 자신이라는 존재에 구토할 것만 같았다.[8] 이것은 진정 솔직한 고백이다. 나는 성매매와 풍속업을 경험한 적은 없지만, 다니구치가 무엇을 말하고 싶은지는 충분히 상상할 수 있다.

나는 불감증을 잘 이해한다. 내 자신의 일이기 때문이다. 여기까지 읽어 오면서 나는 불감증자가 아니라고 단언할 남자도 분명 있으리라. 물론 나는 결코 모든 남자가 불감증을 안고 있다고는 생각하지 않는다. 다만 지금까지 남성 불감증에 대한 논의가 너무나도 적지 않았나 하고 말하고 싶은 것이다.

이렇게 말하면 남자와 여자 몸은 구조가 다르므로 단순히 비교할 수 없다는 반론이 나올 것이다. 여자와 같은 쾌감을

***저널리스트. 아시아에서 벌어지는 일본 남성들의 매매춘을 고발하는 시민운동 단체에서 일하면서 관련 기사를 쓰고 있다.

얻지 못하기 때문에 남자는 불감증이라니, 바보 같은 논리라고 할 수도 있다. 그렇지만 실제로 나는 사정한 뒤에 느끼는 공허감과 갑자기 사람을 깨어나게 하는 추락당한 느낌에 괴롭다. 이처럼 심신의 고통을 자각해 호소하고 있으므로 불감증은 역시 넓은 의미에서 의학적인 증상으로 다루는 쪽이 좋지 않을까? (물론 병리적인 증상이기 때문에 치료해야 한다는 것은 아니다. 이에 대해서는 5장에서 논한다.)

사정할 때 느낌, 사정한 뒤의 느낌 그리고 그것이 자신의 섹슈얼리티에 어떤 영향을 미치고 있는지에 대해 남자들이 솔직하게 서로 의견을 내보이면 재미있을 것이다. 남성 섹슈얼리티에도 다양한 측면이 있다는 사실이 알려져 깜짝 놀랄 것이 틀림없다. 어떻든지 이 책에서는 내 이야기를 더 쓰고 싶다. 남성 일반에 대해 말할 때에도 '남성은 이렇다'는 단정은 가능하면 피하려 한다. 나와는 성감이 다른 남자도 공평하게 존중하며 써 내려가겠다.

남성 불감증을 눈치 채고 있었던 킨제이

남녀의 성을 과학적으로 연구하는 '성과학'이라는 분야가 있다. 성과학은 남성의 성감에 대해 지금까지 어떻게 생각해 왔을까. 조금 복잡한 이야기이지만 중요한 문제이므로 자세히 살펴보겠다.

킨제이는 남성의 성에 대한 통계 조사를 실시해 1948년 《남성의 성 행동》을 펴냈다. 지금까지 해 온 것 가운데 가장 규모가 큰 조사였다. 킨제이는 성의 절정을 표현하기 위해 '오르가슴'이라는 전문 용어를 썼다. 오르가슴이란 성적인 흥분이 정점에 달해 꿈틀꿈틀 경련이 오다 급속하게 식는 일이다. 남성의 경우라면 사정할 때 이런 반응이 있으므로 '사정=오르가슴'이라고 생각했다.

그런데 킨제이는 육체적인 오르가슴과 '오르가슴이 가져오는 쾌감'을 혼동해서는 안 된다고 서술하고 있다. 더 나아가 성적인 만족감에는 여러 단계가 있고, 그 가운데 사정해도 거의 쾌감을 동반하지 않는 경우도 분명히 존재한다고 말했다. 킨제이는 남성 불감증을 눈치 채고 있었는데도 아래와 같이 잘라 말했다. 중요한 부분이므로 번역하겠다.

우리에게는 생리학적인 차이가 얼마나 자주 드러나느냐 하는 것과 심리적인 만족감이 얼마나 다양한 형태로 나타나느냐 하는 것에 대한 통계가 전혀 없다. 그러므로 이 연구에서는 사정을 모두 오르가슴의 증거로 삼기로 했다. 그 생리학적/심리학적인 다양성은 일체 무시하기로 했다.[9]

현대 성과학의 아버지 킨제이의 이 선언으로 사정=오르가슴=성적인 절정감이라는 '공식'이 완성된 것이다. 그리고 사정은 그 정도의 쾌감이 아닐지도 모른다는 남성 불감증의 문제는 성과학의 무대에서 사라져 버렸다. 이렇게 잘못 끼운 첫 단추의 영향은 그 뒤로도 계속 이어진다.

'사정=오르가슴' 공식의 영향력

마스터스와 존슨(인간의 성 반응 주기를 광범위한 실험 및 관찰을 통해 밝혀낸 학자들. 킨제이와 함께 성과학의 기반을 세웠다)은 남녀의 실제 섹스를 과학적으로 관찰하여 1966년 《인간의 성 반응》을 펴냈다. 이 책은 성과학의 성전 대접을 받고 있다. 14장에서 남성이 사정할 때의 심리 상태가 서술되어 있는데, 정액이 나올 때의 느낌과, 정액의 양과 쾌감의 관계에 대한 설명이다. 사정한 뒤 찾아오는 공허감에 대해서는

전혀 언급하지 않았다.[10]

하이트는 1981년에 미국인 남성 7천 명을 대상으로 남성의 성에 대해 꼼꼼히 조사한 후 이것을 묶어《하이트 보고서 남성판》을 펴냈다. 이 책은 현재 손에 넣을 수 있는, 가장 세밀한 남성 성 고백 자료집이다. 그러나 하이트는 이 조사에서 킨제이의 공식을 그대로 받아들여 사정=오르가슴을 전제로 남자들의 의견을 듣고 말았다. 이 실수 때문에 남성 불감증에 대한 의견을 남자들로부터 받아내는 데 실패했다. 그뿐만 아니라 남자의 오르가슴이 도대체 어떤 느낌인지, 그것이 여자의 오르가슴과 어떻게 다른지에 대해서도 분명한 답을 내지 못한 채 끝을 맺었다.

섹스 테라피 분야에서는 어떨까. 카플란의《뉴 섹스 테라피》에서도 '사정, 즉 오르가슴'으로 나온다. 킨제이의 영향력이 얼마나 큰지를 알 수 있다.

그 후 1992년에 나온 질버겔드의 대작《새로운 남자의 섹슈얼리티》에는 다음과 같이 쓰여 있다.

많은 사람들은 사정과 오르가슴을 비슷한 의미로 쓰고 있지만 나는 그 두 가지를 구별하는 쪽이 바람직하다고 생각한다. 사정이란 신체의 반응이고 정액의 방출이다.

오르가슴이란 섹스의 절정감이다.[11]

질버겔드는 이렇게 해서 킨제이가 잘못 끼운 단추를 바로
잡았다. 그리고 사정해도 별다른 느낌이 없는 남자들이 있다
는 사실을 재확인했다. 그러나 사정한 뒤의 느낌에 대해서는
"많은 남자가 나른함과 긴장이 확 풀리는 느낌을 경험한다"
고 서술하는 데 그치고 있다.[12] 전체 580쪽에서 사정 후 기분
에 대해 다룬 것은 이 한 부분뿐이다. 이렇게 조금 다룬 것은
아무래도 이상하다. 남성 불감증에 대해서는 전혀 파고들지
않았다.

남자도 모르는 남성에 대하여

'꽉 찼다'는 느낌을 따져 본다

남자들은 사정을 '빼낸다'고 표현한다. 누가 처음 말했는지 모르겠지만 기막힌 표현이다. 팽팽하게 부풀어 오른 풍선에서 공기를 기세 좋게 빼낸다는 이미지로 남자의 사정을 이해해도 그리 틀리지 않았다는 느낌이 든다.

'꽉 찼다'는 느낌은 어디서 오는가

생각해 보자. 빼낸다는 것은 어떤 행위인가. 무엇인가 '꽉 찼기' 때문에 발생하는 행위다. '아아, 사정하고 싶다'는 기분은 자기 몸 안에 '쌓인' 무언가를 '빼내서' 방출하고 싶다는 감각과 가깝다. 그렇다면 도대체 무엇이 꽉 찼다는 것인가? 보통은 정액과 정자가 차올랐다고 할 때가 많다. 그대로 놔두면 정액과 정자는 점점 몸 안에 꽉 찬다. 그러니까 정기적으로 그때그때 사정해서 몸 밖으로 내보내지 않으면 안 된다, 라는 식으로 생각한다. 히코사카 타이彦坂諦*는 다음처럼 표현한다.

그렇지만 말이지, 꽉 찬 건 빼내지 않으면 안 돼. 무리하게 쌓아 놓고 있으면 무엇보다 몸에 독이 된다고, 쭉쭉 빼내고 오라고요. 여자와 달라서 남자는 그걸 참을 수 없다고요. 당연한 거죠, 몸의 구조가 다르니까.[13]

그러나 과학적으로 보면 정자가 쌓여 있다는 것은 틀린 말이다. 사용되지 않은 정자는 자연스럽게 분해되어 몸 안으로 흡수된다. 그런데 위의 인용문만으로는 무엇인가가 꽉 찬다는, 그 얼얼한 실감을 설명할 수가 없다. 그 꽉 찬 느낌을 낳은 원인에는 생리적인 것과 정신적인 것 두 종류가 있다고 나는 생각한다. 우선 생리적인 원인으로는 성 호르몬과 생리물질의 혈중 농도 들이 관련된다고 추측할 수 있다. 골초는 혈중 니코틴 농도가 내려가면 담배를 피우고 싶어서 견딜 수

---

*러시아 문학을 전공한 작가. 저서로《어떤 무명병사의 기록》,《아사의 연구》,《남성 신화》등이 있다.

없는 지경이 된다. 혈액에 흐르는 물질이 정신에 영향을 끼치는 것이다. 성욕의 경우는 안드로젠의 관여가 의심된다.

그렇다면 정신적인 원인에는 어떠한 것이 있을까? 언제 자위를 하고 싶었는지 돌아보면 일단 선정적인 영화와 만화를 보고 자극을 받았을 때니, 이런 것들이 원인일 것이다. 쉽게 알 만한 노릇이다. 그러나 그뿐만은 아니다.

'불안'한 기분, '괴롭히고 싶다'는 기분

곰곰이 생각해 보면 불안할 때에 자위를 했던 것 같다. 이런저런 까닭으로 기분이 가라앉지 않을 때, 좋아하는 음악을 듣거나 맛있는 음식을 먹어도 불안이 가시지 않을 때, 성적인 것을 떠올리면서 자위를 했다. 일과 인간관계에서 '출구가 보이지 않는' 듯한 기분이 되었을 때에도 했던 것 같다. 해결해야 할 문제를 안고 있지만 어떻게 할 수도 없고 무력감에 기세가 꺾였을 때 하는지도 모른다. 그럴 때에는 일단 눈앞의 과제를 외면하고 싶다. 무엇인가를 외면하기 위해 가까운 데 있는 성기를 이용하는 것은 그럴듯한 일 같기도 하다.

누군가를 '괴롭히고 싶은' 기분이 되었을 때에도 자위를 했다. 기분이 안 좋아서 누군가를 괴롭혀 주고 싶은데, 누군가에게 상처를 입히고 싶은데, 하는 느낌이 올 때 그것을 성적인 것으로 연결 짓는 듯하다.

그러나 그런 이유들로 자위를 한 결과 찾아오는 것은 어둡고 공허한 느낌뿐이다. 뭐라 말할 수 없는 절망적인 결말이다. 남성 불감증은 여기서 한 극단에 도달하지 않나 싶다.

왜 빼내는가

이렇게 보면 적어도 나는 정말 좋아서 자위를 하는 것은 아니다. 자신이 바란 것도 아닌데 '꽉 찼'으니, '빼내지 않으면 안' 된다. 만약 꽉 찬 것을 처리하지 않고 내버려 두면 매우 초조해지든지, 할 일에 집중할 수 없게 되든지, 사물을 부수고 싶어지든지 해서 자신을 유지할 수 없게 된다. 그래서 자위를 해서 '빼낸다'는 식이다. 물론 발기의 흥분과 고양감을 맛보고 싶어서 자위를 하는 일도 있지만 그때 역시 어쩔 수 없이 하고 있다는 기분은 확실히 마음속에 있다.

이렇게 말하면 내가 '남성의 섹슈얼리티는 태어날 때부터 결정되어 있다'고 주장하는 것처럼 보일지도 모르겠다. 그렇

남자도 모르는 남성에 대하여

지만 '성에 관한 감각과 행동은 태어날 때부터 생물학적으로 결정되어 있다'는 사고방식을 페미니즘은 '근본주의'라면서 경계해 왔다. 그렇게 해서 얻을 수 있는 태도란 '남자는 원래 그래서 어쩔 수 없다'는 자포자기밖에 없기 때문이다.

이 문제는 이 책 전체와 관련된 중요한 쟁점이므로 확실하게 내 생각을 밝혀 둔다. 나는 남자의 성에는 태어날 때부터 생물학적으로 결정되어 있는 부분과 이후에 후천적으로 학습된 부분 두 종류가 있다고 생각한다. 사정한 다음 밀려드는 어떻게 할 수 없는 공허감은 태어날 때부터 생물학적으로 결정되어 있는 면이 매우 크다. 이에 비해 남자의 구체적인 성 행동은 후천적으로 학습된 측면이 상당히 크다고 생각한다(야생 동물들 속에서 자라난 소년에 대한 연구가 이 사실을 보여 준다).

남성 불감증은 낫지 않을지 모르지만, 남자의 성 행동은 이제부터라도 바꿀 수 있고, 바꾸어 나가지 않으면 안 된다. 이것이 일관된 내 생각이다. 포르노 애착과 롤리타콤플렉스가 남자의 심신에 깊게 뿌리박혀 어쩔 수 없다고도 생각하지 않는다. 자기 마음과 몸에 새겨진 것을 신중하게 분석해 보면 성 행동을 다른 방향으로 바꾸는 일은 틀림없이 가능하다.

포르노에 사로잡힌 남성

그렇다면 남성 불감증은 포르노 감상에 어떤 영향을 끼치는가. 예를 들어 포르노를 보지 않고도 성적인 장면을 상상하면 자위는 가능하다. 그런데도 일부러 포르노를 보면서 하고 싶을 때가 있다. 어떤 때일까?

포르노를 보면서 '하고 싶'을 때

일단 사귀고 있는 여성을 만나지 못할 때 그녀의 모습을 포르노 안의 여성에 투영하여 만족하는 경우가 있다. 사귀는 여자가 없을 때는 어쩔 수 없이 포르노 속의 여성과 가공의 섹스를 하면서 만족하기도 한다. 기혼자거나 섹스 파트너가 있어도 상대방 몰래 포르노를 보는 경우가 있다. 지금 자기 곁에 있는 여자와는 다른, 또 다른 유형의 여자와 성적인 행위를 해 보고 싶은 기분을 만족시키기 위해서다. 보통 만나기 힘들 듯한 젊고 귀여운 여자와 섹스하는 것을 상상하면서 포르노를 바라보는 경우가 많을 것이다. 남자라면 누구라도 이해할 수 있는 포르노 사용법이다.

그런데 포르노를 이용한 자위에는 더 깊은 동기가 숨겨져 있다. 몇 가지 예를 보자. 먼저 '여자를 상처 입히고 싶다'는 욕망을 채우기 위해서다. 앞서 자위하고 싶어지는 이유에 누군가를 괴롭히고 싶다는 것이 있었다. 그렇게 괴롭히고 싶다는 기분, 상처 입히고 싶은 기분을 만족시키는 도구로 포르노를 이용할 수 있다.

보통 포르노 속 여성은 남성 성욕의 노예로 그려진다. 남성이 명령하면 뭐든지 듣지 않으면 안 되고, 설령 거역하더라도 결국에는 남성의 폭력과 섹스 테크닉에 따라 남성의 조종을 받고 만다. 싫어하는 여자를, 억지로 남자 멋대로 가지고 노는 포르노는 실제로 많이 만들어지고 있다. 남자가 생각한 대로 여자를 조종하고, 끝내 억지로라도 여자를 느끼게 해서 '사실은 너도 느끼고 싶었지'라고 잘라 말하면서 모든 책임을 여자에게 덮어씌운다. 이런 식으로 남자는 죄책감에서 벗어난다. 자신이 가진 남자로서의 힘 때문에 여자가 무조건 행복했다는 착각까지 얻을 수 있다.

페미니즘은 포르노의 밑바탕에 여성 혐오와 남성의 지배욕이 자리한다고 지적해 왔다. 분명 옳다. 그렇다면 왜 이러한 감정이 남성 안에서 생겨날까?

'느끼지 못하는 남자'의 여성 혐오

나는 다름 아닌 남성 불감증이 그 원인 가운데 하나라고 생각한다. 사정할 때마다 '느끼지 못하는 남자'는 자신이 불감증이라는 사실을 깨닫는다. 그리고 여자 쪽을 보면서 왜 여자만 그렇게 기분이 좋아지는가 하는 의문에 속이 부글부글 끓는다. 남자는 섹스할 때마다 오줌을 누는 정도의 쾌감밖에 얻지 못하는데 어떻게 여자에게만 그렇게 큰 쾌감이 허용되는가 하는 분노가 치밀어 오르는 것이다.

이렇게 해서 느끼지 못하는 남자들은 마음 깊은 곳에서부터 여자를 혐오하기 시작한다. 여성 혐오의 감정이 태어나는 것이다. 지금까지 여성 혐오 원인으로는 유아기에 어머니에게 지배된 것에 대한 원망과 사회적으로 성공한 여자에 대한 원망 등을 들어 왔지만, 나는 남성 불감증도 원인으로 덧붙이고 싶다.

여성 혐오에 사로잡힌 남자들은 어떻게 해서든 '느끼는 여자'에게 복수하고 싶다는 생각을 하게 된다. 그들이 포르노를 보는 이유 가운데 하나도 여기에 있다. 싫어하는 여자를 마음대로 지배해 여자의 쾌락을 자유롭게 조종하는 듯한 내용의 포르노를 봄으로써 마치 자신이 여자보다 우위에 선 것 같은 착각을 즐길 수 있는 것이다. 남자가 여자를 지배하고 싶어 하는 것은 느끼는 여자에 대한 복수다.

이것과 비슷한 마음의 움직임은 성폭행 범죄자에게도 나타난다. 성폭행이란 여성에 대한 폭력이 성적인 형태로 나타나는 것이다. 여자에게 복수하기 위해서 성폭행하는 경우가 있다고 하지만, 나는 성폭행 동기의 하나로 '느끼는 여자'에게 복수하고 싶다는 기분이 있다고 생각한다. 그리고 그 복수는 느끼는 기관인 여자의 성기를 향한다.

1988년 여고생을 콘크리트에 넣어 굳혀 죽인 사건이 일어났다.* 남성 범인들은 여고생을 성폭행한 뒤 그녀를 때리

---

*1988년 1월 도쿄에서 콘크리트로 굳힌 여고생 시체가 발견되었다. 당시 17세였던 주범과 16~18세에 이르는 세 명의 공범은 40일간에 걸쳐 날마다 강간, 폭행, 라이터 불로 피부 지지기, 굶기기 등 온갖 폭력을 가한 끝에 결국 여고생을 죽였다. 그들은 시체를 드럼통에 넣고 콘크리트를 부어 굳힌 후 바다에 버렸다. 당시 소년법에 따라 범인들의 신상은 밝혀지지 않았고 이 때문에 소년법 개정을 요구하는 목소리가 높아졌다.

고 차는 심한 폭력을 휘둘렀을 뿐만 아니라 성기에도 상상을 초월하는 폭력을 반복해서 가했다. 전쟁터에서 일어나는 성폭행 살해에서도 죽은 여자의 성기에 물건을 쑤셔 넣는 등의 가해 행위가 흔히 보고되고 있다. 이런 행위는 여성에 대한 혐오라기보다 느끼는 기관인 여성 성기에 대한 혐오라고 말하는 쪽이 더 정확하지 않을까? 느끼는 여자의, 느끼는 기관에 복수하고 있는 셈이다. 여성 성기에 대한 폭력에는 남성 불감증이 깊이 관련되어 있다고 나는 확신한다. 남성 불감증은 이토록 뿌리 깊은 것이다.[14]

포르노는 일종의 '자해' 행위

포르노를 이용해 자위를 하는 또 다른 이유는 '나에게 고통을 주고 싶다'는 기분이 채워지기 때문이다. 말하자면 '자해' 행위로서의 포르노다. 자신을 고통스럽게 함으로써 거기에서 쾌락과 위안을 훔칠 수 있다.

포르노를 보다가 '아, 이건 보고 있는 자신을 상처 입히는 쾌락이 아닐까' 하는 생각을 한 적이 몇 번 있다. 예를 들면 이런 장면이다. 처음에는 싫어하던 여자가 남자에게 계속 공

남자도 모르는 남성에 대하여

격당해서 마침내 쾌락에 몸부림치는 장면이다. 포르노 비디오 등에서 가장 흔한 장면이지만 그것을 보고 있으면 무엇인가 자신을, 이래도, 이래도, 하면서 괴롭히는 듯한 자학적인 쾌감이 엄습하는 것이다.

찬찬히 분석하면 이 자학적인 쾌감에는 두 종류가 있다. 하나는 지켜 주고 싶은 귀중한 대상이 누군가의 손에 산산조각 날 때 느끼는 쾌감이다. 이것은 독자들도 이해하기 쉬운 마음의 움직임일 것이다. 예를 들면 보는 사람은 사실 교복 입은 미소녀를 가련한 모습 그대로 지켜 주고 싶다. 그러나 포르노 안에서 소녀의 교복은 벗겨지고 무참하게 짓밟힌다. 이때 내 마음속에서는 '소중하게 지켜 주고 싶었던 교복 소녀가 이렇게도 무참하게 파괴된다'는 자학적인 흥분과 쾌감이 끓어오르는 것이다.

그러한 쾌감을 증대하려면 가련하고 아름다운 소녀의 모습을 미리 철저하게 그려 두는 것이 좋다. 먼저 가련한 소녀에 감정이입을 하고 나서 무참하게 범하는 편이 보는 사람들 스스로를 더 자학할 수 있게 할 수 있다. 포르노 비디오 시작 부분에서 아이돌 스타를 연상시키는 이미지가 자주 이용되는 까닭도 이 효과를 노려서일 것이다. '이런 귀여운 아이가 이렇게 되다니' 하는 것이다. 이런 심리를 성스러운 존재를 타락시키는 데서 오는 쾌감으로 설명하는 경우가 많다. 바타이유는 "금지는 침범받기 위해 존재한다"고까지 말했다.[15]

'느끼는 여자'를 보며 자학의 쾌감에 빠지는 남자

두 번째의 자학적인 쾌감은 이와는 전혀 다르다. 처음에는 싫어했지만 결국 몸부림치면서 느끼고 만다는 황금률을 보면서, 격하게 느끼고 있는 여자의 모습에서 나는 뭐라고 말할 수 없는 자학적인 쾌감을 느낀다. 이는 보통 별로 지적되지 않는 사실이어서 자세히 서술하겠다.

이런 생각을 하고 돌이켜 보니 포르노 비디오에는 범죄자가 여자를 향해서 "사실은 좋지?"라고 끈질기게 묻는 장면이 많은 것 같다. 여자가 "그렇다"고 할 때까지 묻기를 멈추지 않는다. 무슨 의식 같을 정도다.

물론 이 의식을 남자가 여자의 쾌감을 '지배'했다는 사실을 확인하는 것으로 해석할 수 있다. 실제로 그 해석이 옳다고 나도 생각한다. 또 어떤 남자들은 느끼는 여자에게 자신을 투영함으로써 자기 기분이 좋아질 수도 있다고 생각할 수 있다. 그러나 이런 조작된 의식의 배후에는 다른 마음의 움

남자도 모르는 남성에 대하여

직임도 숨겨져 있다는 사실을 깨닫지 않으면 안 된다.

그것은 무엇인가. 여자가 몸부림치고 느끼는 모습이 눈앞에 펼쳐질 때 나는 나 자신이 여자처럼 느낄 수 없다는 사실, 자신은 '느끼지 못하는 남자'라는 사실을 '이래도, 이래도, 몰라?' 하며 추궁당하는 것이다. 싫어하는 여자를 느끼게 한다는 것은 자신이 느끼지 못하는 남자라는 사실이 자기 눈앞에 들이닥치는 것과 똑같다. 확실히 자기 목을 조르는 결과가 되는 것이다.

그러면 왜 느끼지 못하는 남자는 포르노에 돈을 지불하는가. 답은 하나다. 내가 내 목을 조르는 자학적인 쾌감을 맛보고 싶기 때문이다. 남자의 의식 위로 떠오르지 않더라도 그러한 마음의 움직임이 의식 바탕에 있다고 나는 생각한다. 이것은 일종의 자해 행위다. '느끼는 여자를 좀 더 보고 싶다. 그것을 봄으로써 느끼지 못하는 내게 고통을 주고 싶다'는 이치다. 여자처럼은 느낄 수 없는 자신이 '패배자'임을 환기시키고 갈데없이 자신을 괴롭혀 스스로 상처 입는 것이다.

다시 말해 마음속 깊은 상처를 스스로 덧나게 하는 것은 뭐라고 말할 수 없는 강렬한 쾌감을 불러일으킨다. 남편의 폭력을 어쩔 수 없이 받아들인 여성이 이러한 자학적인 기분에 빠져들어 가는 사례가 보고된 바도 있다. 이렇듯 쓸모없는 자신을 가엾게 여기는 녹아내릴 것 같은 쾌감도 분명히 존재하는 것이다. 리스트 컷(손목을 얕게 긋는 행위)을 반복하는 여성은 제 손목을 그을 때 상처가 낫는 듯한 느낌을 받는다고 한다. 자상自傷과 자해의 쾌감을 한번 알아 버리면 거기서 빠져나오기가 매우 어렵다.

포르노에도 그와 비슷한 구조가 있다는 것이 나의 가설이다. 거의 모든 포르노에서 여배우는 결국 '느끼게' 되어 있다. 여자가 느끼면 느낄수록 그것을 보고 있는 남자는 자학의 쾌감에 더 깊이 잠길 수 있다. 자해를 위해 포르노를 볼 수도 있다는 이 가설이 바로 받아들여질 것 같진 않다. 하지만 이것이야말로 남성 불감증의 관점에서 드러나는 포르노의 의미다.

포르노의 바탕에 깔린 생각

이렇게 보면 '여성에게 상처 입히기' '남성 자신이 스스로에게 상처 입히기'라는 포르노의 근본적인 속성이 잘 드러난다. 포르노가 건강한 오락문화로 발전할 수 없는 이유는 포르노 바탕에 깔린 생각이 '인간에게 상처 입히기'이기 때문이다. 누군가에게 상처를 입혀 쾌락을 얻으려는 인간 정신의 어두운 곳에 뿌리박고 있는 것이 바로 포르노다. 인간에게 상처를 입히고 싶다는 기분은 남성이든 여성이든 간에 상관없이 인간 누구나에게 숨겨져 있는 악일 것이다. 그 악의 토양에서 핀 꽃이 포르노다. 심포지엄에서 이 이야기를 하자 한 여성 참가자는 "만약 정말로 포르노가 그렇게까지 남성 마음 깊은 곳까지 파고들어 가 있다면 포르노를 없애기는 거의 불가능하겠다"고 소감을 밝혔다. 나도 확실히 어려운 시도가 될 것이라고 생각한다.

이에 대해 포르노가 모두 그렇게 어두운 것만은 아니라는 반론도 있을 수 있다. 정답고 즐거운 섹스를 담은 비디오도 많고 남녀가 즐기면서 볼 수 있는 에로틱한 영화와 소설도 확실히 있다는 것이다. 그런 종류를 따로 '에로티카'라고 부르는 경우도 있다.[16]

그러나 세상에 넘치는 에로물, 인터넷 성인 사이트를 보면 대다수의 포르노는 역시 여성을 남성의 성 노리개로 삼아 남성의 자기중심적인 욕망과 망상을 채우기 위한 것이라고밖에 생각할 수가 없다. 이 책을 쓰기 위해 포르노를 조사하면서 그 사실을 절실히 느꼈다. 브라운 밀러는 포르노를 "성폭행과 다름없이 여성에게서 인간성을 빼앗아 여성을 성의 도구로 모욕하는 것을 목적으로 한 남성의 발명품"[17]이라고 했는데 정확히 그대로다. 남자와 여자가 정답고 대등하게 교감하는 모습을 담은 작품은 산더미 같은 포르노에서 극히 일부에 지나지 않는다. 그것만을 확대해 전체를 말하기는 어렵다.

여기까지 말했으니 다음 이야기도 제대로 해 두어야겠다. 사진 촬영과 비디오 제작 현장에서는 짐작건대 우리가 상상하는 이상의 일이 벌어지고 있다. 강제로 연기를 시키는 과정에서 생긴 고통, 임신, 성병 감염 따위 말이다. 포르노 배우를 보는 사회의 눈이 차가우니 이런 피해가 알려지기는 어려울 것이다. 포르노 제작 자금원이 조직폭력배일 가능성이 커 포르노는 성매매, 풍속산업과 관련성도 높을 것이다.

하지만 포르노 규제를 말하기에 앞서 이미 이 일을 하고 있는 여성의 처지를 생각해 보자. 포르노 배우로 일하면서 당하는 고통에서 그들을 보호하기 위한 조직이 필요하다. 포르노를 보는 많은 남자가 실제로 여배우의 인권이 침해되기를 바란다고는 생각할 수 없다. 일단 인권 침해를 막는 어떤 수단이 필요하다. 그다음 인간을 성적으로 괴롭힌다든지, 곤란하게 한다든지, 상처 입힌다든지, 울린다든지 하는 장면을 보고 싶어 하는 욕망을 사회에서 어떻게 하면 좋을지 생각해야 한다. 남성뿐만 아니라 여성에게도 이런 욕망이 있다. 이

남자도 모르는 남성에 대하여

것은 남녀 양성이 함께 풀어야 할 과제다.

이 장에서는 먼저 남성 불감증부터 따져 보았다. 그래서 포르노 자체를 둘러싼 시비에 대해서는 논의할 수 없었다. 내가 포르노 내용을 그대로 긍정하고 있다는 인상을 받은 독자가 있을지 모르는데 절대로 그렇지 않다. 나도 포르노를 보아 온 것이 사실이다. 그러나 나는 결코 그것을 긍정하지 않으며 포르노를 둘러싼 환경을 바꾸어 가지 않으면 안 된다고 생각한다. 이 점을 더 생각해 볼 작정이다.

남성 불감증은 정신 의학과 섹스 테라피가 생각한 것처럼 단순한 성기의 '오르가슴 장애'가 아니다. 남성 불감증은 성기의 차원을 훌쩍 뛰어넘어 남성이 지닌 섹스에 대한 생각과 행동에 영향을 끼치고, 남성이 여성과 교감하는 방식에도 영향을 미치며, 일반적인 대인 관계에도 깊은 그림자를 드리운다. 나는 이 장에서 바로 그 점을 강조하고 싶었다.

앞서 말했듯이 느끼지 못하는 남자는 느끼는 능력이 있는 여성에게 복수하려 들거나 여성보다 우위에 서려고 한다. 그뿐이 아니다. 자기 몸을 부정하다 못해 자기 몸에서 빠져나가려는 시도까지 하게 된다. 다음 장에서는 지금까지 정면으로 거론된 적 없는, 남성의 이런 비밀을 차분하게 파헤칠 것이다.

03
—
나는 왜
교복에 끌릴까

교복에 끌리는 남자들

2004년 4월 저명한 경제평론가 우에구사 가즈히데植草一秀가 현행범으로 체포되었다. 본인은 부인했지만 도립고등학교 1학년 여학생의 교복 치마 속을 손거울로 훔쳐 본 혐의였다. 우에구사가 교복 입은 여자가 나오는 사진과 비디오를 갖고 있었다는 사실 등이 도쿄지방법원에서 열린 공판에서 밝혀졌다. 우에구사는 43세로 나와 같은 세대다. 이전에 연구회에서 함께한 적도 있으니 남의 일이라는 생각이 들지 않는다.

교복 입은 소녀

여고생과 여중생 교복을 좋아하는 남자는 연령층에 관계없이 폭넓게 존재하는 것 같다. 성인 비디오에서도 '교복물'

이라는 장르가 있고 정말 많은 남자가 교복 차림을 한 소녀의 사진과 비디오를 보면서 자위를 하고 있다. 우리 집에 들어오는 핑크 전단지를 봐도 교복 입은 여종업원을 둔 곳이 얼마간 있을 것으로 짐작된다. 나와 택시를 타고 가던 편집자가 "여고생이 입은 교복은 왜 그렇게 선정적일까요?"라고 혼잣말하던 일도 떠오른다.

OL* 제복이나 스튜어디스 제복도 제복에 포함되지만 제복의 대표적인 예는 누가 뭐래도 여학생 교복이다. 인터넷에서 '제복' '사진'을 복합 검색해 보라. 인기 사이트의 약 90퍼센트가 여학생 교복을 취급하고 있다.

남성 불감증이라는 수수께끼에 다가서기 위해 이 장에서는 남성이 왜 여학생 교복에 끌리는지 철저하게 따져 보겠다. 나 또한 교복에 매료되는 남성들 기분을 안다. 물론 나는 범죄를 저지르거나 교복을 수집하지는 않았지만 교복에 끌리는 남자들 마음의 움직임은 분명하게 알 수 있다. 그 속내를 현미경으로 들여다보듯이 꼼꼼하게 관찰하고자 한다. 틀

---

* 오피스 레이디의 줄임말로 회사에서 일하는 미혼 여자 회사원을 가리킨다. 보통 단기대학을 졸업한 후 취직해 결혼 전까지 단기간 잡무를 담당한다. '직장의 꽃'으로도 불리며, 남자 직원들과 경쟁하는 커리어 우먼과는 달리 회사에서 주로 보조 업무를 한다.

남자도 모르는 남성에 대하여

림없이 놀랄 만한 '마음의 구조'가 보일 것이다.

교복 입은 소녀의 상쾌함과 짜릿함

교복의 어떤 점에 매력을 느끼는지 생각해 보던 어느 날 나는 심포지엄에 참가하기 위해 마츠모토 시를 방문했다. 남은 시간 동안 역 앞을 산책하다가 한 빌딩의 쇼윈도에 여고생 교복이 진열되어 있는 것을 보게 되었다. 그 교복은 하얀 셔츠, 남색 조끼, 체크무늬 주름치마의 조합에, 목에는 붉은 리본이 달려 있는 것이었다. 교복을 물끄러미 바라보고 있는데 문득 가슴속에 쓱 바람이 지나가는 듯한 상쾌함과 뭔가 켕기는 것을 보고 만 듯한 짜릿함이 내 몸을 감쌌다. 도대체 이 느낌의 정체는 무엇일까?

그러다 역사 안 카페에 들어가는 길에 교복을 입은 몇몇 여고생과 마주쳤다. 하지만 어딘가 어른스러운 그녀들, 즉 교복을 입은 진짜 소녀들에게서는 조금 전 같은 느낌이 없었다. 실제의 육체를 가진 살이 있는 소녀들인데도 말이다.

일을 끝내고 집에 오니 이 책 쓸 때 참고하려고 주문한 몇 권의 교복 사진집이 도착해 있었다. 서둘러 꺼내 펼쳤다. 그 사진집들에서는 쇼윈도를 보면서 느꼈던 상쾌함과 짜릿함이 흘러넘쳤다. 내 쪽을 향해 미소 짓는 소녀들은 두말할 나위 없이 귀여웠다.

사진집 속 교복 소녀는 보통의 여중생이나 여고생에 비해 이목구비가 훨씬 단정하다. 즉 교복 소녀가 상쾌함과 짜릿함을 지니려면 이목구비가 단정하고 예쁠 필요가 있다. 현실 세계에서 그런 소녀를 만날 일은 거의 없지만 혹시라도 길거리에서 만나게 된다면 나는 그 소녀에게서 교복의 매력을 느끼고 말지도 모른다. '교복 소녀'의 생명은 얼굴이다.

'내'가 교복에 끌리는 메커니즘

'교복 페치'는 페티시즘의 일종이다. 페티시즘이란 이성이 몸에 두르고 있는 옷이나 구두 따위를 보고 성적인 흥분을 느끼는 것이다. 고전적인 페티시즘의 이미지는 이렇다. 여성의 하이힐에 이상하게 집착하는 경우, 하이힐을 잔뜩 모아 놓고 그것을 만지면서 자위를 하는 식이다. 교복 페치 또한 비슷하게 인식되고 있지 않을까? 그러나 내가 교복에 끌리는 메커니즘은 그것과는 상당히 다르다. 예를 들어 눈앞에 많은 교복이 진열되어 있더라도 교복이라는 천 조각 자체에 흥분하는 일은 없다. 그 교복을 실제로 입고 있는 소녀의 모습을, 그 교복을 통해서 떠올릴 수 있을 때 비로소 나는 교복에 끌린다.

마츠모토 시에서 경험한 것을 다시 한번 돌아보고 싶다. 나는 쇼윈도에 전시된 여학생 교복을 바라보면서 상쾌함과 짜릿함을 체험했다. 그때 교복을 입은 이목구비 단정한 '상상 속의 소녀'의 모습을 교복에 투사하고 있었다. 물론 그 소녀가 어떤 얼굴에 어떤 분위기를 하고 있는지 구체적으로 그릴 수 있었던 것은 아니지만 교복을 보면서 내가 상상한 '가공의 소녀'를 떠올린 것만은 확실하다. 즉 교복이 눈앞에 덜렁 놓여 있는 것만으로는 안 된다. 교복 너머로 그것을 입고 있는 '상상 속의 소녀'의 모습을 환기하는 장치가 필요하다. 교복 입은 소녀를 떠올리면 교복은 단순한 천 조각을 넘어 새로운 생명을 얻기 시작하는 것이다.

그렇다면 교복에서 상쾌함이나 짜릿함을 느낀 후 내 안에서는 어떤 충동이 끓어올랐을까. 내 가설은 이렇다. 소녀의 교복에 정액을 뿌리고 싶은 건 아닐까? 교복에 정액을 뿌려 정액이 교복 천에 스며들어 가는 것을 보고 싶었던 것은 아닐까? 교복을 입고 있는 소녀의 살갗에 정액을 뿌리고 싶은 것은 아니다. 소녀가 입고 있는 교복이라는 천 조각에 정액을 뿌리고 싶은 것이다. 더 정확하게 말하면 바로 교복에다 정액을 뿌리고 싶은 것이 아니라, '소녀가 교복을 입고 있다'는 상황, 그 자체를 향해 정액을 뿌리고 싶은 것이다. 정액이 교복에 묻는 것은, 어디까지나 그 결과일 뿐이다. '소녀의 살갗에는 닿지 않았다'는, 목표에 도달하지 못했다는 감각이 중요한 것이다(뒤샹의 작품 〈거대한 유리-또는 독신 남자들이 발가벗긴 신부, 그조차도〉에서 '독신 남자'란 이 신체 감각을 예술로 고양시킨 것이리라).

교복, 단정한 용모 그리고 하얀 팬티

교복 소녀에게 가장 중요한 부분은 교복, 얼굴, 하얀 팬티다. 교복이 중요한 것은 말할 것도 없다. 얼굴만 놓고 말하면 이목구비가 단정해야 하고 생긋 미소 짓거나 천진난만한 표정을 하고 있어야 한다. 사진집을 보면 목 아래쪽만 찍은 사진은 극히 적다. 교복 입은 소녀의 사진을 보면서 자위를 할 때 남자들은 어디를 보고 있는 것일까? 많은 남자가 소녀의 얼굴을 보면서 사정하는 것은 아닐까 싶다. 그 정도로 얼굴이 중요하다.

하얀 팬티는 교복과 단정한 생김새를 결합시킨다. 사진집에서 하얀 팬티가 보이느냐 안 보이느냐 하는 것이야말로 제작자와 독자가 벌이는 줄다리기의 최전선이다. 한 장을 더 넘겨 드디어 소녀의 하얀 팬티가 치마 안쪽에서 살짝 보인 순간, 독자는 거대한 카타르시스를 느끼며 책을 손에 넣은 것에 만족한다.

1장에서 '팬티는 하얀색이어야 한다'고 서술했지만 이는 교복 소녀 사진의 철칙이기도 하다. 교복 소녀 잡지《크림 사진집 2》(와이레아출판, 1995)와《크림 사진집 5》(1998)에는 교복 입은 소녀 판치라* 사진이 모두 14장 실려 있는데 전부 하얀 팬티다. 다른 잡지에서도 마찬가지다.《크림 사진집 2》에는 다음과 같은 사진 설명이 붙어 있다.

"그건 그렇다 하더라도 토모미짱의 세일러복 모습은 좋았지요. 그 쭈그려 앉았을 때의 판치라. 정말 최고였어."

"판치라는 굉장히 흥분되지요. 토모미짱의 순백 팬티를

---

*팬티가 살짝 엿보이는 것을 의미하는 단어. '팬티가 살짝 보인다'를 줄여서 만든 신조어다.

갖고 싶은데."

이 대화에서 하얀 팬티는 제작자의 의도라는 점을 짐작할
수 있다. 젊은 사람들에게 물어보면 실제로 여고생은 교복
아래에 하얀 팬티는 거의 입지 않는다고 한다. '하얀 팬티의
법칙'이란 남자들이 멋대로 꾸며 낸 망상에 지나지 않는다는
사실을 알 수 있다.

더럽혀지지 않은 하얀 팬티 너머에는

그렇다면 왜 하얀 팬티를 유별나게 좋아하는 것일까? 1장
에서는 '성스러운 색'으로서 '백색'에 주목했다. 여기서는 더
나아가 다음과 같은 점을 짚어 보고 싶다. 사진에 나오는 하
얀 팬티의 소재는 면인 경우가 많은데 이것은 더러워지기 쉽
다. 교복 소녀가 하얀 팬티를 입고 있다면 아무래도 좀 더 더
러워질 것이 분명하다. 그런데 사진집에 실린 하얀 팬티는
순백으로 빛나고 전혀 더럽지 않다. 다시 말해 보통이라면
더러워져 있어야 할 텐데 전혀 그렇지 않다는 사실을 하나
하나 확인하는 작업, 그것이 바로 하얀 팬티의 판치라가 아

남자도 모르는 남성에 대하여

닐까? 내 감각에서는 하얀 팬티 너머에 있어야 할 것은 완전히 매끈매끈한 피부, 즉 오히려 성기가 아예 없는 상태라고 생각한다. 하얀 팬티 너머에 성기가 존재하지 않으니까 하얀 팬티는 더러워지지 않는다. 즉 '왜 하얀 팬티냐'면 '교복 소녀의 팬티 너머에는 성기가 아예 없을지도 모른다'는 망상을 순백의 팬티가 가장 정직하게 보증한다고 생각하기 때문이다.

물론 사진집에는 판치라가 아닌 사진이 더 많다. 그렇지만 교복과 얼굴밖에 나오지 않았어도 소녀의 치마 아래에는 틀림없이 하얀 팬티가 있으리라는 눈으로 교복 소녀를 보기 때문에 소녀가 빛나는 것이다. 반증해 보자. 사진을 볼 때 소녀의 치마 아래에 틀림없이 붉고 매끈매끈한 팬티가 있으리라는 기대가 있다면 어떨까? 교복 소녀가 내뿜는 분위기는 완전히 다른 종류의 에로스로 변할 것이다. 그 때문에 하얀 팬티가 전혀 보이지 않더라도 교복 소녀의 중심에는 '보이지 않는 하얀 팬티'가 존재한다고 말할 수 있다.

그런데 지금까지 나는 현실에서 교복 입은 소녀와 사진집에 실린 교복 소녀의 영상을 거의 구별하지 않고 다루었다. 돌이켜 보면 현실과 이미지를 잘 구분할 수 없는 내가 존재한다는 사실을 다시 한번 깨닫는다. 용모가 단정한 현실 속의 교복 입은 소녀에게서 느끼는 상쾌함과 짜릿함을 나는 사진집 속의 교복 소녀 이미지에서도 거의 같은 정도로 느끼고 만다. 섹슈얼리티의 차원에서 현실과 허구를 잘 분간할 수 없는 것이 느끼지 못하는 남자의 특징 가운데 하나인지도 모르겠다.

현실과 허구를 헷갈린 남자가 실제 여자에게 커다란 피해를 끼치는 일도 많다. 거리를 걷는 교복 소녀에게 성매매를 권유하는 남자도 나타나고 교복 소녀의 치마 속을 실제로 엿보다 체포되는 남자도 나타난다. 눈앞의 여자는 의지도 감정도 있다는 사실을 잊고 있는 것이다. 이런 남자들의 섹슈얼리티에 깃든 어둠에 대해서는 다른 장에서 생각해 보겠다.

남자도 모르는 남성에 대하여

교복 소녀에게
'학교'를 투사하다

여기까지 와서야 간신히 우리는 교복의 근본 문제와 만나게 된다. 그것은 '왜 나는 교복 입은 소녀에게서 상쾌함과 짜릿함을 느끼는가' 하는 문제다. 교복의 매력은 도대체 뭘까?

우선 교복은 획일적으로 개성을 지워 버리므로 복장에 집착하는 페티시즘을 자극하기 쉽다는 주장이 있다. 확실히 교복 그 자체를 좋아하는 남자의 기분은 그럴지 모른다. 더운 날에도 추운 날에도 강제로 입힌다는 느낌이 좋다는 의견도 있다. 중고생 시기에만 입으므로 희소가치가 있다는 의견도 있다. 자신의 중고생 시절을 떠올릴 수 있어서, 그때 좋아했던 여자아이가 떠올라 좋다는 사람도 있다. 저마다 그럴듯한 설명이라고 생각한다.

나도 그런 기분을 잘 안다. 그래서 그 정도 설명이면 충분하다는 느낌도 들지만, 교복을 여러 가지로 분석해 본 결과 내 안에 그와는 전혀 다른 마음의 움직임이 있다는 사실을 깨달았다.

이제부터 나오는 내용을 하나하나 읽으면서 독자는 아마도 틀림없이 반론을 제기하고 싶어질 것이다. 그러나 잠시만 참고 이 장 끝까지 읽어 주었으면 한다. 나만의 정말 특수한 얘기일 수 있지만, 독자가 자신의 섹슈얼리티를 돌아볼 때 조금이라도 도움을 줄 수 있으리라고 생각해서다. 인간이 무엇인지 알아 가는 또 하나의 방법으로 받아들여 준다면 기쁘겠다.

교복에 끌리는 이유

먼저 교복을 입은 것은 소녀다. 따라서 교복의 매력이란 사실은 '소녀'의 매력인지도 모른다. 교복은 소녀의 이미지와 따로 놓고 볼 수 없을 만큼 결합되어 있으므로 내가 교복에 끌릴 때에 나는 실은 교복을 입고 있는 소녀에 끌리고 있을 가능성이 있다. 그러나 어떤 소녀가 교복을 입고 있는 사진과 입고 있지 않은 사진을 비교하는 실험을 해 보면 이 가설이 틀렸음을 금방 알 수 있다. 대개 교복을 입고 있는 사진 쪽에서 상쾌함과 짜릿함을 느끼는 경우가 압도적이다. 비밀은 소녀 쪽에 있는 것이 아니라 교복에 있다.

그렇게 비밀이 교복 쪽에 있다고 치면 구체적으로 어디에 그 비밀이 숨겨져 있는 것일까? 교복은 세일러복과 블레이저*로 크게 나뉜다. 내가 중고생이었을 때 여학생 교복은 세일러복으로 정해져 있었다. 그 뒤로 블레이저를 교복으로 지정하는 중·고등학교가 늘어났고 오늘날에는 블레이저 쪽이 우세한 듯하다. 이런 차림에서 숨겨져 있는 비밀은 무엇일까? 사진집들을 조사해 보면 세일러복이나 블레이저나 감색과 백색을 압도적으로 많이 사용한다는 사실을 알 수 있다. 그렇다면 '감색과 백색'이라는 색이 열쇠일까? 하지만 감색은 교복뿐만 아니라 스튜어디스나 단순 사무직 여직원이 입는 제복에도 폭넓게 쓰인다. 말하자면 일본 제복 특유의 색깔이다. 교복이 감색을 독점한 것이 아닌 이상 여기에서 특별한 비밀을 찾아낼 수는 없다

시험 삼아 한번 상상해 보자. 지금 만약 일본에서 세일러복과 블레이저를 전부 없애고 대신에, 예를 들면 군복 같은 옷을 많은 여자 중고생의 교복으로 지정한다고 하자. 그 상

•재킷과 스커트로 구성되는 교복. 한국의 여학생 교복은 블레이저 스타일이 보통이다.

황이 20년 정도 지속된다고 치자. 그럼 세일러복과 블레이저에 성적으로 끌리던 남자들이 새로운 교복에도 끌리게 될까? 나라면 그럴 것 같다. 내가 젊었을 때에는 블레이저에 주름치마 교복은 거의 볼 수 없었고 세일러복이 대부분이었다. 그러나 시대가 변해 블레이저에 주름치마를 입는 차림이 주류가 되자 내 안에서는 그쪽을 향한 성적인 감수성이 어느새 자라났다. 앞으로 군복 같은 교복이 주류가 된다면 내 안의 성적인 감수성 또한 그것을 받아들일 것이다.

'교복 모에'는 '학교 모에'의 다른 이름

이로써 내가 세일러복과 블레이저에 끌리는 이유가 밝혀졌다. 그것은 학교가 그것을 '교복으로 지정'했기 때문이다. 세일러복과 블레이저 차림에 비밀이 있는 것은 아니다. 학교가 다른 복장을 교복으로 지정하면 나는 분명히 그 교복에 성적으로 끌리기 시작할 것이다. 내가 교복에 끌리는 비밀 가운데 하나는 중·고등학교가 교복 착용을 의무화하고 있다는 점이다. 나는 교복 입은 소녀 너머로 '학교'를 떠올리고 있는 셈이다.

또 다른 상상을 해 보자. 중학교를 졸업한 다음 고등학교에 진학하지 않고 사회에 나가 일하는 소녀들이 있다. 어느 날 일본 정부가 그녀들이 18세가 될 때까지 특별한 제복을 의무적으로 입고 일하게 했다고 치자. 그녀들은 여고생 또래다. 이때 나는 그녀들의 제복에도 성적으로 끌릴까? 내가 느끼는 그대로 정직하게 상상해 본다. 물론 그 제복이 어떤 것이냐에 따라 답이 달라질지 모른다. 그러나 나는 그렇게 끌리지 않을 듯하다. 귀여운 여자아이라고 느끼더라도 세일러복과 블레이저를 보며 느낀 상쾌함과 짜릿함을 느끼는 일은 없으리라. 그 이유는 역시 그녀들의 제복에 '학교'를 투사해 볼 수 없기 때문은 아닐까?

이제까지 한 이야기를 정리해 보자.

세일러복과 블레이저 입은 소녀를 보며 상쾌함과 짜릿함을 느끼는 까닭은 내가 그 복장 너머에서 '학교'를 보고 있기 때문이다. 즉 나에게 '교복 모에'라는 것은 '학교 모에'의 별칭인 것이다('모에'라는 것은 성적으로 끌려 두근두근하는 것이다. 여러 뜻이 있지만 이 책에서는 이 의미로 사용하겠다).

교복 소녀에게 끌리는 교사들

이제 나는 다음 몇 가지 사실을 떠올린다. 먼저 왜 학교 관계자들 가운데 소녀를 상대로 성매매를 하는 사람들이 있는가 하는 것이다. 최근 몇 년간 현역 학교 교사와 교육위원회 인사가 중고생을 상대로 성매매를 해서 체포되는 사건이 많았다. 여고생 몇 명과 성매매를 한 교사와 포르노 비디오를 촬영하고 돈을 지불한 교사들이 속속 체포되고 있다. 그중에서도 충격적인 사건은 2001년에 일어난 중학교 교사의 여중생 폭행 사건이었다. 교사는 텔레폰클럽에서 중학교 1학년 소녀를 만나서 차에 태우고는 고속도로를 달렸는데, 수갑이 채워진 채 차에서 떨어진 소녀가 뒤따르던 차에 치여 사망했다. 이 교사는 소녀를 만났을 때 "중학생임을 알고 기뻤다"고 진술했다. 이 기쁨은 도대체 어디에서 온 것일까?

나의 추측은 이렇다. 그 교사에게는 피해자 소녀가 중학생이었다는 사실이 매우 중요했던 것은 아니었을까? 단순히 어린 소녀라는 사실뿐만 아니라 그녀가 중학교에 다니고 있다는 사실에 이 교사는 흥분했던 것이 아닐까?

중·고등학교 남자 교사 중에는 학교에 집착이 강한 사람이 분명 많을 것이다. '학교'에 반해서 '학교'를 마음 깊이 사

남자도 모르는 남성에 대하여

랑하고 '학교'에 관여하면서 살아가는 것을 인생의 의미로 생각하는 이도 틀림없이 적지 않을 것이다. 학교 교육은 그들 같은 열성적인 교사에 의해 지탱되고 있다. 하지만 학교에 대한 강한 애착이 섹슈얼리티 차원으로까지 이어져 통제 불능이 되면 어떻게 해야 할까. 그때 그들은 학교를 온몸으로 구체화한 것으로 보이는 교복 입은 여중생, 여고생을 자신의 성적인 먹이로 선택하고 마는 것은 아닐까?

사랑하는 학교와 성적으로 관계할 수 없으니까 학교 대리물인 교복 입은 소녀와 성적으로 관계하려고 한다. 그들에게 교복 소녀를 범하는 것은 사랑하는 학교를 향해 사정하는 일이고, 교복 소녀를 매개로 학교와 성적으로 관계하는 일이다. 성매매 사건을 일으킨 교사들이 학교에서는 지도에 열성적이었다는 보도가 많다. 약간 억지스러운 가설일지 모르지만, 교사의 여학생 성매매 사건이 많은 까닭을 위와 같이 해석하지 않는 한 도저히 이해할 수 없다는 생각이 든다. 롤리타콤플렉스를 가진 교사가 많다는 설만으로는 설명이 되지 않는다.

나는 교사가 아니니까 상관없다고 생각할 독자도 있을지 모른다. 하지만 특별히 교사로만 한정할 이야기는 아니다. 교사 말고도 학교에 사로잡힌 남자는 사실 많다. 이것은 남자 전체로 확산될 수 있다는 이야기다. 설령 학교를 싫어한 독자라도 자신이 학생이 아니라 가르치는 입장에 섰다면 어땠을까? 가르침을 받는 것은 싫지만 어린 여자아이들을 가르치는 것은 좋을지 모르겠다고 생각할 가능성이 정말로 없을까? 물론 학교에 사정하고 싶은 기분이 든 적이 한번도 없다고 반론할 독자도 많겠지만 조금만 더 읽어 주기 바란다.

남자도 모르는 남성에 대하여

교복의 비밀

내가 교복 소녀를 보고 성적으로 끌릴 때 나는 소녀의 모습으로 나타난 학교에 성적으로 매혹된 것이다. 이것이 지금까지의 고찰로 밝혀진 사실이다.

왜 '학교'에 흥분하는가

그렇다면 학교에 왜 끌리는 걸까? 이 의문에 답해 줄 만한 참고 도서는 전혀 없다. 그래서 이제부터 가설에 가설을 쌓아 갈 텐데, 가능한 한 신중하게 생각을 이어 가겠다.

가설로 자주 언급되는 것이 청춘시대를 향한 향수다. 달콤 쌉싸름한 중·고교 시절로 다시 한번 돌아가고 싶다는 애절한 생각이 '교복 모에'의 저변에 있다고 분명히 말할 수 있다. 감수성 풍부했던 그 시절 우리는 많은 시간을 학교에서 보냈다. 입학식, 운동회, 체육관, 오후의 교실, 방과 후의 교정, 자전거 통학, 동급생, 노을에 물든 교문 그리고 졸업. 남자도 여자도 제2차 성징을 맞이하여 연애를 하고, 마음 설레던 그 시절.

실제로 교복 소녀의 사진집은 이러한 향수를 자극하는 사진으로 넘쳐 난다. 방과 후 교실과 체육관 등이 사진 배경이 될 것 같지만, 오래된 시골집과 다다미 깔린 방 같은 곳이 배경인 점이 이례적이다. 교복 입은 소녀들이 오래된 시골집 툇마루에 앉아서 생긋 미소 짓고 있는 사진과 옅은 햇빛이 들어오는 다다미방에 우두커니 서 있는 사진 등이 이렇게도 많은 것은 무슨 까닭일까. 그것은 그런 사진들에 향수를 느낄 만한 세대를 겨냥해 교복 사진이 제작되고 있기 때문이라고밖에 생각할 수 없다.

실제로 나는 시골집 툇마루의 사진을 보면 왠지 모를 그리운 감정이 끓어 올라온다. 툇마루에 앉아 있는 소녀는 지금 여기서 살아가고 있는 소녀라기보다 오히려 그리운 옛 시절, 즉 내가 아직 학교에 다니고 있던 때의 소녀 같다. 그 소녀가 지금 여기를 바라보며 미소 짓는 것 같은 착각에 빠지고 만다. 시골집 툇마루는 그때로 돌아가고 싶은 성인 독자의 애달픈 기분을 돋우는 역할을 하고 있는 것이다.

사진집 제작자들도 이 점을 깊이 의식하고 있는 듯하다. 《스피카 제1호》에는 다음과 같은 문장이 있다.

"고등학생 시절을 떠올려 주기 바란다. 당연히 여고생과 행동을 함께하고 체육회에서는 브루마* 차림의 소녀들과 장난친다. 교복은 차라리 자유를 빼앗은 훼방꾼 같은 존재일 뿐이었다. 별 생각 없이 지내고 있던 당시의 자신을 용서할 수 없을 만큼 지금은 달콤 쌉싸름한 추억이 우리 마음에 깊게 새겨져 있는 시절이다.""체육관에 브루마. 이건 당연해요. 말 그대로 미소녀 잡지를 위해 있는 것 같은 상황이죠.""툇마루에 우두커니 서 있는 소녀도 기본""향수를 자극하는 세계관"[18]

교복 입은 소녀를 향한 가슴 뛰는 느낌 뒤에는 틀림없이 학교에 대한 깊은 향수가 작용하고 있다. 그렇지만 교복의 비밀을 향수로 모두 설명할 수 있다고는 도저히 생각할 수

•중·고등학교 여학생들이 입는 운동복 하의로 바짓단이 아주 짧고 허리는 고무줄로 조이게 되어 있다. 몸에 달라붙어 그 자체로 성적인 느낌을 받는다는 남성이 많다.

없다. 그 안에는 더 깊은 수수께끼가 감추어져 있음에 틀림 없다. 그것을 찾아내지 않으면 안 된다.

학교는 '세뇌'의 공간

내가 대학에서 교사 노릇을 하고 있어 그런 선입견이 있을지 모르지만 학교 하면 가장 먼저 학생을 교육하는 곳이라는 이미지가 떠오른다. 즉 학교란 가르치거나 배우는 곳이다. 그렇다면 학교에 성적으로 흥분하는 것은 '가르치고 배우는 일'에 성적으로 흥분한다는 뜻이다. 무슨 뜻일까? 중·고등학교 교육의 큰 특징은 가르쳐야 할 내용이 문부과학성에 의해 자세하게 결정되어 있다는 사실이다. 교과서는 전부 검정을 받아 교사가 자유롭게 결정할 수 있는 범위가 극히 좁다. 이것이 대학 교육과 완전히 다른 점이다. 대학에서는 더 폭넓고 자유롭게 가르칠 수 있고 특히 문과 쪽에서는 교사에 따라 수업 내용이 완전히 달라지기도 한다. 교수법이 서툰 교사는 학생에게서 버림받을 수도 있다.

반면 중·고등학교에서는 완전히 결정된 내용을 학생에게 일방적으로 가르친다. 즉 중·고등학교 교육은 학생 머릿속에

남자도 모르는 남성에 대하여

지식과 가치관을 집어넣기, 즉 '세뇌'에 한없이 가까운 교육을 실시하는 것이 현실이다. 이 사실에 어떤 비밀이 깃들어 있지 않을까?

그런 시각에서 보면 중·고등학교는 경험을 쌓은 어른들이 합세해 유연성이 풍부한 소년, 소녀들을 공공연히 '세뇌'하는 것이 허용되는, 극히 위험한 곳이라는 생각이 든다(초등학교도 그렇지만 이는 다음 장에서 다룬다). 어린이들의 머릿속을 어른들이 고쳐 쓴다는, 말 그대로라면 정말 위험하고 뭔가 켕기는 일을 대낮에 당당하고 공공연히 실행할 수 있는 장소가 바로 학교다.

물론 중·고등학교에도 토론이나 자유 연구 시간이 있으니 학교생활 전부를 세뇌로 단정 지을 수는 없을 것이다. 그렇더라도 중학교와 고등학교 교육 기본 목표는 문부과학성이 검정한 내용을 반드시 학생 머릿속에 주입하는 것이다. '나라를 사랑하는 마음'과 '남자다움, 여자다움을 존중하는 마음'을 학교에서 가르쳐야 한다는 목소리가 높아지는 이유도 여기에 있다. 학교란 곳은 어떤 가치관을 가르치고 세뇌하기에 가장 효과적인 장소기 때문이다.

이렇게 해서 학교를 향해 성적으로 흥분하는, 이해할 수 없는 반응을 한 측면에서 해석한 셈이다. 즉 소녀들을 '세뇌'

한다는 생각에 성적으로 흥분한다는 분석이다(나는 지금 남성 이성애자 관점에서 이 글을 쓰고 있다).

교복 소녀를 '세뇌'하고 싶다!

이런 눈으로 교복 소녀들의 사진집을 보면 그 소녀들이 내게 이렇게 외치는 듯하다. "나를 세뇌해요!" "나를 당신 내 키는 대로 세뇌해도 좋아요!" 그 소녀들에게서 느껴지는 상 쾌함과 짜릿함의 비밀이 이제 밝혀진다. 즉 교복 입은 소녀를 보았을 때 나는 '아아, 나는 이 소녀를 세뇌해도 된다. 소녀 뇌 속의 생각을 고쳐서 나를 진정으로 좋아하도록 마음을 조작해 하녀처럼 복종시킬 수 있다. 그런 위험한 일을 해도 누구에게서도 비난받지 않는다. 소녀 자신이 그것을 바라고 있으니까'라고 망상에 빠졌던 것이다. 이것이야말로 내가 교 복 소녀를 보면서 느낀 상쾌함과 짜릿함의 비밀이었다. 상쾌 했던 까닭은 내가 소녀를, 세뇌하기 전의 '순백'의 상태로 인 식하기 때문이다. 짜릿한 까닭은 그녀의 뇌, 즉 인격을 고쳐 쓰는, 하면 안 되는 일을 하고 있다는 배덕감이 내 안에서 솟 아 올라오기 때문이다.

'학교 모에'는 실은 소녀를 세뇌한다는 이미지를 향해 두 근거리는 것이었다. 학교를 향해 사정하고 싶은 것은 소녀를 세뇌한다는 이미지에 사정하고 싶은 것이었다. 이렇게 생각 하면 조금은 이해하기 쉽지 않을까? 동시에 이러한 욕망을 품는 사람이 교사만은 아니라는 사실도 독자는 이해할 수 있 을 것이다. 틀림없이 많은 남자가 어린 소녀를 멋대로 세뇌하 여 하녀로 만들고 싶은 소망을 이해할 수 있으리라. 내 쪽을 가만히 바라보는 교복 입은 소녀의 사진을 보면서 조금이라 도 가슴이 뛰는 남자라면 그 마음 안에는 '세뇌'하고픈 욕망 이 생생하게 꿈틀거리고 있다고 해도 하등 이상할 것이 없다.

그렇다면 이것은 고대로부터 내려온, 순결한 소녀를 숭 배하는 처녀 신앙과 어떻게 다를까. 일단 지적할 수 있는 것 은 오늘날에는 처녀 숭배가 그렇게 강하지 않다는 사실이다. 중·고교 시절에 성을 경험하는 소녀가 상당히 늘어났다는 점이 이를 뒷받침한다.

남자들은 육체적인 처녀가 아니라 뇌 차원에서 처녀, 즉 성적으로 '아직 세뇌되지 않'아 이제부터 얼마든지 뇌에 무 언가를 집어넣을 수 있는 소녀를 찾고 있다. "나를 세뇌해도 좋아요!" 하고 스스로 세뇌를 자청하는 것처럼 보이는, 뇌가 순백인 소녀다. 즉 남자들 눈에 거리의 교복 소녀들은 "당신

좋을 대로 세뇌해도 좋아요!"라고 큰 소리를 치면서 걷고 있는 존재인 것이다. 쉽게 납득이 되지 않겠지만, 내 생각에 교복 소녀를 찾는 남자들의 정서를 움직이는 건 이러한 제멋대로 된 논리이다.

세뇌하고 싶은 욕망 해부

그럼, 눈앞의 소녀를 세뇌하고 싶은 그 욕망은 어떠한 것인가? 그것은 자신에게 편리한 지식과 가치관을 소녀의 뇌 속에 집어넣어 소녀가 느끼는 방식과 사고방식 그리고 행동을 자신이 지배하고자 하는 욕망이다. 지배에 성공하면 나는 소녀를 멋대로 조종할 수 있다. 소녀를 심부름꾼이나 노예처럼 취급해 자신의 욕망을 이룰 수 있다. 소녀를 원격조종하고 그 모습을 바라보면서 즐거워할 수도 있다.

지배를 몸에 쇠사슬을 감는 것 같은 외면적인 지배와 마음을 속박하는 것 같은 내면적인 지배로 나눈다면 세뇌는 분명 내면적인 지배다. 소녀의 마음속 깊은 곳에 들어가서 소녀를 내부에서부터 자유자재로 조종하고 싶은 마음이다.

그렇다면 왜 뇌 속을 지배하는 데 그렇게 집착하는 것일

남자도 모르는 남성에 대하여

까? 그 수수께끼를 풀기 위해 조금 다른 각도에서 생각해 보자.

눈앞에 있는 소녀의 뇌 속을 완전히 지배하려면 어떻게 하는 게 가장 좋을까? 바꾸어 말해 가장 높은 수준의 세뇌는 어떤 것일까? 그것은 나의 뇌를 외과수술로 꺼내고 소녀의 머리를 절단하여 소녀의 두개골 안에 내 뇌를 이식하는 것, 즉 소녀의 뇌와 나의 뇌를 바꿔 버리는 일이 아닐까 싶다. 즉 내 자신이 소녀의 뇌 속으로 쏙 들어가 버리는 것이다. 그렇게 하면 소녀가 느끼는 방식과 사고방식과 행동은 전부 내 생각대로 되기 때문이다. 내가 소녀의 몸 안에 유령처럼 들어가 살아갈 수 있게 되는 것이다. 내 몸이 소녀의 몸이 되면 가슴을 만질 때 거기에는 아직 작은 가슴이 있고 거울을 보면 거기에는 귀여운 소녀의 얼굴이 비칠 것이다. 이처럼 소녀를 내 마음대로 완전히 지배하여 조작할 수 있는데 이것이 세뇌의 가장 완벽한 모습이다.

즉, '소녀를 세뇌하고 싶다'는 욕망이란 내 이 몸뚱이를 버리고 소녀의 몸 안으로 들어가서 그 귀여운 몸을 안쪽에서부터 자유자재로 조종하고 싶다는 욕망이 아닐까. 그러나 현실적으로 이 욕망이 이루어질 수 없으니까 나는 어쩔 수 없이 세뇌의 이미지를 강하게 환기하는 교복에 집착하기 시작한 것은 아닐까. 교복 입은 용모 단정한 소녀가 생긋 미소 짓고 있을 때 그녀는 "자, 내 뇌 안으로 들어와서 내 몸 안에서 살아도 좋아요!" 하고 말하고 있는 것이다. 교복 소녀 사진집을 여는 남자들 가운데는 오늘은 어떤 소녀의 몸 안으로 갈아탈까 두근거리며 책장을 넘기는 이도 많으리라.

소녀로 건너가는 다리, 정액

앞에서 소녀를 세뇌하는 이미지를 향해 사정하고 싶다는 이야기를 했다. 하지만 왜 이미지를 맛보는 것만으로는 만족할 수 없는가, 왜 굳이 사정까지 나아가야 하는가에 대해서는 설명하지 않았다. '세뇌'의 의미를 '소녀의 몸 안으로 갈아탄다'로 이해했다면, 그 질문들에 대한 답이 되었으리라 생각한다. 실제 소녀든 사진 속 소녀든 내가 소녀로 갈아타려면 나를 그 소녀 안으로 운반해 줄 매개가 필요하다. 이쪽에서 저쪽을 향해 걸친 다리, 그 다리야말로 성기가 내뿜는 한 줄기 정액이다. 마치 거미가 나무에서 나무로 걸친 한 줄의 거미줄을 타고 나아가듯 교복 입은 소녀를 향해 내뿜는 한 줄기 정액이 만든 다리를 따라 나는 소녀 안으로 들어가 그 몸 안에서 살아가고자 하는 것이다. 그렇기 때문에 교복 페치는 사정으로 매듭짓지 않으면 안 된다.

이 장의 서두에서 나는 눈앞에 있는 교복에서 '가공의 소녀'가 떠오르는 상황을 향해 자신의 정액을 내뿜고 싶은 것이라고 했다. 여기까지 짚어 보면 이 가공의 소녀가 도대체 누구인지 겨우 이해할 수 있다. 그것은 눈앞의 소녀로 갈아타 그 몸 안에서 살고 있는 '또 하나의 자신'이었다. 내가 교복 소녀를 향해 정액을 내뿜고자 할 때 그쪽에 있는 것은 소녀로 갈아타는 데 성공해서 이쪽을 바라보고 있는 '또 하나의 자신'인 것이다. 즉 교복 페치란 내가 내 자신에게 정액을 내뿜어 나 홀로 남은 자폐적인 섹슈얼리티의 세계를 만들려는 행위다. 이때 가공의 소녀와 정액을 주고받는 행위는 바로 '자기와 나누는 대화'가 된다. 실제 소녀는 자기만의 세계를 만들기 위한 단순한 소재일 뿐이고 그 세계가 성립된 뒤에는 더는 필요가 없다. 교복 페치의 자폐 세계에서 실제 소녀는 결국 일회용품으로 폐기될 운명에 있다.

'울퉁불퉁하고 더러운 남자의 몸'에 대한 부정

교복 페치란 소녀의 몸이 되고 싶은 마음이다. 그럼 여장을 하면 되지 않느냐고 묻는 이도 있을 것이다. 그러나 그건 해결책이 아니다. 자기 몸처럼 울퉁불퉁하고 더러운 육체에 소녀의 옷을 입힌다고 해도 나는 절대로 그것을 사랑할 수 없을 것이기 때문이다. 또 나는 지금 내 또래의 여자가 되고 싶은 것도 아니다.

그렇다면 왜 소녀의 몸이 되고 싶다는 소원이 내 안에 숨겨져 있는 것일까. 소녀로 갈아타기까지 해서 소녀의 몸을 획득하고 싶어 하는 욕망은 어디에서 솟아 올라오는 것일까. 그 욕망의 밑바닥에는 '울퉁불퉁하고 더러운 남자의 몸에서 빠져나와 버리고 싶다'는 기도와 닮은 탈출 소망이 있는 게 아닐까 싶다. 내가 내 몸을 바라볼 때 느끼는 감정은 이러한 자기 부정이다.

만약 소녀의 몸으로 갈아탈 수 있게 된다면 나는 무엇을 할 것인가. 가장 먼저, 내 것이 된 새롭고 부드러운 육체를 쓰다듬겠다. 유방과 민감한 피부의 촉감을 몇 번씩이나 확인하겠다. 그리고 알몸을 거울에 비추어 보면서 온몸에 숨겨진 쾌감의 장소를 찾기 시작할 것이다. 나는 태어나서 처음으로 자

남자도 모르는 남성에 대하여

기 몸을 사랑하는 기분을 알게 될 것이다. 자기 몸을 사랑한다는 것이 어떤 것인지 마음속으로부터 이해하게 될 것이다.

지금까지 서술해 온 욕망에 대한 모든 이상한 얘기는 내 안에 있는 이러한 '망상'에서 비롯된 것이다. 자기 몸에서 빠져나와 소녀의 몸 안으로 들어감으로써 자기 몸을 마음 깊은 곳에서부터 사랑하고 싶다. 교복 페치의 비밀은 이 한 문장으로 압축될 수 있다.

04

롤리타콤플렉스
들여다보기

롤리타콤플렉스 대국 일본

 드디어 일본은 롤리타콤플렉스 대국이 된 것은 아닐까? 이전부터 소녀 포르노 제작 분야에서는 세계적으로 유명했지만, 내가 말하고 싶은 것은 포르노 이야기가 아니다. 텔레비전과 잡지 같은 대중매체에서 소녀에 대한 성적인 시선이 이렇게까지 넘치고 있는 현실은 기괴한 광경이라는 생각이 드는 것이다. 하야미즈 유키코速水由紀子는 롤리타콤플렉스가 이제 일본의 '국민병'이 되었다고 지적하고 있다.[19]

 이 장에서는 롤리타콤플렉스를 짚어 볼 건데, 사실 이것은 말하기 난감한 문제다. 페미니즘은 롤리타콤플렉스를 성인 남성의 병리 현상으로 파악해 왔다. 물론 틀린 지적은 아니지만, 생김새가 단정한 소녀에게 성적으로 끌리는 것이 남자만은 아니라는 사실도 지나칠 수 없다. 미소녀에게 성적으로 끌리는 성인 여성을 실제로 나는 알고 있고 미소녀 연예인에게 몰려드는 여자가 많다는 것도 모두 아는 사실이다.

이렇게 보면 남녀 양성 모두 소녀를 성적으로 노리고 있는 것 같다.

하지만 여자가 소녀에게 성적으로 끌리는 경우와 남자가 소녀에게 성적으로 끌리는 경우는 상당한 다른 것 같다. 그 비교 연구는 일단 앞으로 풀 과제로 남겨 두고 여기서는 나 자신을 예로 들어 일단 남자가 소녀에게 성적으로 끌릴 때 마음속에서 어떤 일이 일어나는지를 살펴보겠다.

내 안에 숨겨져 있는
롤리타콤플렉스

나는 이 책에서 내 내면을 파고들어 가는 내재적인 접근 법으로 섹슈얼리티 연구를 시도하고 있다. 내 안에서 도대체 무엇이 일어나고 있는지 냉정하게 해부해 남자의 섹슈얼리 티를 해명하는 데 이바지하고자 한다.

그렇지만 롤리타콤플렉스라는 주제는 내재적인 섹슈얼리 티 연구에서 지극히 힘겨운 문제다. 연구를 수행하려면 내가 롤리타콤플렉스를 이해할 수 있다는 점, 즉 소녀에게 성적으 로 끌린 경험이 있다는 사실부터 공공연하게 인정하지 않으

남자도 모르는 남성에 대하여

면 안 되기 때문이다. 뒤에 자세히 쓰겠지만 12세 전후의 아직 천진난만함이 남아 있는 소녀를 보면서 성적으로 흥분한 적이 있다는 사실을 인정하지 않으면 안 되는 것이다. 다시 말하면 나는 대학에서 선생 노릇을 하고 있다. 그런 인간이 소녀에게 성적으로 흥분한 적이 있다고 공공연히 떠드는 것은 아마도 이 사회 최대의 금기 가운데 하나를 건드리는 일은 아닐까?

그러나 나는 이 사실을 공언하고 싶다. 롤리타콤플렉스가 뭔지 이해할 수 있다! 이것을 인정하지 않는 한 롤리타콤플렉스를 가진 사람들의 마음을 내재적인 접근법으로 해명하기는 불가능하다. 물론 나는 현실에서 소녀와 성적으로 관계한 일은 없고 관계하려고 한 적도 없다. 하지만 성적 흥분이 내 안에 조금이라도 있었다는 점은 사실이라고 정직하게 인정하지 않을 수 없다.

3장에서도 썼지만 이러한 일을 공언하기 가장 어려운 직업이 학교의 '교사'일 것이다. 자기 안에 소녀를 향한 성적 흥미가 있더라도 학교에서는 전혀 그렇지 않은 것처럼 행동하지 않으면 안 되고 술을 마셔도 절대 화제에 올릴 수 없다. 그러한 압력을 받다 보니 자기 안의 롤리타콤플렉스가 증폭돼 소녀 성매매와 몰래 엿보기 따위의 성적인 범죄로 폭발하는 건지 모른다. 물론 범죄자를 변호할 마음은 전혀 없다. 교사들은 교사라서 언제나 일정 수준 이상의 도덕률로 자신을 통제해야 한다.

그렇다면 교사는 젊은 여성에게 성적으로 끌리면 안 되는 것일까? 또 그런 기분이 들었을 때 마음 깊은 곳에 숨기고 절대로 사람들 앞에서 공공연히 떠들어서는 안 될까? 나는 아직 확실한 답은 모르지만 아마 그럴지도 모른다고 종종 생각한다. 그러나 그 결론에 도달하기 전에 내 안에 있었던 롤리타콤플렉스의 본질을 확실하게 밝혀 두고 싶다. 이 기회에 독자들 또한 자기 안은 어떤지 들여다보길 바란다. 어린 쟈니스계*의 소년에 대해서라도 좋다. '귀엽다고는 생각하지만 성적으로는 끌리지 않는다'는 소리에 정말로 거짓이 섞여 있지 않은지 점검해 주기 바란다.

---

*쟈니스는 소년대, 히카루 겐지, 스맵, 아라시 등의 유명 남성 아이돌 그룹을 배출한 연예 기획사 이름으로, 이곳을 거쳐 데뷔한 남성 아이돌을 쟈니스계라고 부른다. 아주 어릴 때부터 집중 훈련을 시켜 10대 소년 그룹을 만들어 데뷔시킨 후 노래 이외의 다른 분야로 진출시키는 것이 대부분이다.

남자도 모르는 남성에 대하여

롤리타콤플렉스에 상처 입은 소녀들

또한 여기서 반드시 지적해 두어야 할 것이 롤리타콤플렉스 남성에게서 성적인 피해를 입는 소녀가 많다는 사실이다. 어릴 때 모르는 남자에게 성폭행을 당했다든가, 전철에서 치한을 만나서 괴로웠다든가, 가족과 부친에게서 계속 성적 학대를 받았다든가 하는 여성이 정말 많고 실제로 그 피해는 끔찍할 정도다. 요시다 타카코吉田タカコ의 홀륭한 르포《어린이와 성 피해》(集英社新書, 2001)가 다룬 여러 사례를 부디 읽어 보기 바란다.

소녀 시절에 입은 쓰라린 상처에 대해서는 남과 쉽게 상담하기 어렵다. 그래서 지금도 남몰래 마음속에 감춰 둔 채로 살아가는 여성이 틀림없이 많을 것이다. 독자 중에도 있을 것이고, 독자의 지인 중에도 있을 것이다. 만약 그런 분들이 이 장을 읽는다면 어떻게 생각할까. 롤리타콤플렉스 범죄자에 유괴된 피해자의 가족은 또 어떻게 생각할까. 그런 분들을 생각하면 도저히 이 장을 계속 써 나갈 수 없을 것 같다.

하지만 나는 써 나가겠다. 남성이 소녀에게 휘두르는 성범죄를 억제하기 위해서라도 그런 경향을 가진 남자들의 마음속에서 도대체 무슨 일이 일어나고 있는지 그리고 그것을 부추기는 듯한 구조가 어떤 형태로 사회에서 퍼져 나가고 있는지 알아 둘 필요가 있다고 생각하기 때문이다. 그래서 롤리타콤플렉스가 있는 남자의 마음속을 가능한 한 꼼꼼히 따져 보고 싶다. 롤리타콤플렉스가 있는 내 안에 대해선 눈을 감은 채 롤리타콤플렉스를 가진 남자를 높은 자리에서 굽어보며 단죄하는 연구는 하고 싶지 않다.

롤리타콤플렉스의 두 유형

먼저 롤리타콤플렉스 개념을 정리해 보자. 롤리타콤플렉스란 어린 소녀에게 성적으로 끌리는 심리를 말한다. 그러한 심리를 가진 남자를 가리키는 경우도 있다(이 장에서는 롤리타콤플렉스가 있는 남성을 중심으로 다룬다).

롤리타콤플렉스가 있는 남자를 여기선 두 종류로 나누겠다. 하나는 실제로 소녀를 성적으로 학대하거나 소녀 성매매를 하는 사람들이다. 그들은 실제 소녀를 자기 욕망의 먹이로 삼는 범죄자라고 해도 틀리지 않을 것이다. 빌링은《아동성애자》(解放出版, 2004[원저, 2003])에서 덴마크의 아동성애자들의 실태를 보고하고 있다. 자신의 욕망을 위해서 현실

남자도 모르는 남성에 대하여

속 어린이의 인생을 갈기갈기 찢고서도 태연한 그들을 나는 전혀 긍정할 수 없으며, 변호할 생각도 없다.

또 하나는 소녀에게 성적 흥분을 느끼더라도 실제 성관계를 맺지 않는 사람들이다. 여기에는 소녀의 사진과 아이돌 스타 그룹의 비디오를 모으는 남자들도 포함된다. 그들 가운데는 단순한 이미지 소비만으로 만족하는 사람도 있을 것이고 실제 소녀와 관계를 맺고 싶다는 욕망을 이성으로 자제하고 있는 사람도 있을 것이며 실제 소녀와의 관계를 지금은 생각하지 않을 뿐인 사람도 있을 것이다. 이들이 언젠가 범죄자가 될 가능성이 전혀 없는 것은 아니다.

내가 이 장에서 주로 문제 삼고 싶은 유형은 두 번째 사람들이다. 범죄자라고 부를 수는 없지만 그들 때문에 사회 전체로 롤리타콤플렉스가 퍼지고 있다. 그러한 사람들은 상상을 초월할 정도로 많을 것이다. 아이돌 스타를 좋아하는 많은 남자가 여기에 포함되고, 나도 이런 부류였다고 생각해도 상관없다. 독자도 자신은 도대체 어느 쪽인가를 되물으며 다음 내용을 읽어 주었으면 한다.

지금까지 범죄자의 심리는 연구되어 왔지만 롤리타콤플렉스를 지닌 일반 남성의 심리에 대해서는 거의 이야기된 적이 없다. 나는 이들에 초점을 맞추고, 그것을 바탕으로 필요에 따라 범죄자의 심리도 언급하겠다. 양자에 공통된 부분이 꽤 많기 때문이다.

그들은 몇 살을 욕망할까

그렇다면 그들이 원하는 어린 소녀의 나이는 몇 살 정도일까. 《롤리타》를 쓴 나보코프는 12세로 설정했다. '모에역'이라는 사이트를 보면 애니메이션과 게임에 나오는 소녀 캐릭터의 나이 분포를 정리해 놓았다. 9세가 9건, 11세 15건, 12세 12건, 13세 9건, 14세 9건, 15세가 7건이다. 오늘날 일본에서 모에 캐릭터의 중심 연령은 11세와 12세다. 그 전후인 10세부터 14세까지가 롤리타콤플렉스를 지닌 사람들이 망상하는 소녀의 연령대라고 생각해도 크게 틀리지 않을 것이다.• 대략 초등학교 4학년부터 중학교 2학년까지다.

매우 흥미로운 사실은 일본인 여성의 평균 초경 연령이 12.5세라는 점이다. 롤리타콤플렉스를 지닌 사람들이 망상하는 연령층과 보기 좋게 일치한다. 롤리타콤플렉스 남자는

• 연령은 만으로 표기했다.

소녀가 초경을 맞이하는 연령에 집착하고 있는 셈이다. 즉 소녀가 아이를 낳을 수 있는 나이가 되기를 애타게 기다리고 있었던 것처럼 보이기도 한다. 이에 대해서는 나중에 살펴보 겠다.

그런데 대체로 10세 미만의 소녀(및 소년)에게 성적으로 끌리는 남자를 페도파일pedophile이라고 불러 롤리타콤플렉 스와 구분하는 경우가 많다. 롤리타콤플렉스와 페도파일은 전혀 다르다. 나는 페도파일의 성적인 흥분을 전혀 이해할 수가 없다. 따라서 이 장에서는 내가 내 경우로 말할 수 있는 롤리타콤플렉스에 한정해서 이야기를 풀어 가겠다.

그들은 왜 소녀에게 접근하는가

먼저 확인해 두겠다. 성숙한 성인 여성을 상대할 수 없는 미숙한 남성이 자신이 말하는 것을 들어주는 연약한 소녀를 성의 배출구로 삼는 행위를 롤리타콤플렉스라고 설명하기 도 한다. 확실히 그 때문에 소녀를 성적으로 희롱하거나 학 대하는 남자도 있을 것이다. 특히 초등학교에 막 들어간 소 녀를 성적으로 희롱하는 페도파일 남성 중에서 그러한 유형이 많을지 모른다.

하지만 그것만으로는 초등학교 고학년부터 중학생에게 끌리는 롤리타콤플렉스의 심리를 도저히 설명할 수 없다. 예를 들어 아동 성매매를 하다가 체포된 교사나 교육위원회 인사들은 사회에서 훌륭한 지위에 있고 가정도 있을 법한 남자들이다. 그들은 성인 여성과 성적으로 사귀면서 소녀의 성도 사고 있었다. 성인 여성과 인간관계를 못 맺는 미숙한 남성이 소녀에게 손댄 것이 아니다.

2001년 도쿄고등법원 판사 무라키 야스히로村木保裕가 14세부터 16세 소녀들을 성매매하다가 체포되어 징역형을 받았다. 무라키는 당시 43세였다. 법관으로 말하자면 더는 바랄 게 없는 직위까지 오른, 사회에서 성공한 존재다. 2004년에는 중견 영화감독 이마제키 아키요시今関明好가 12세와 14세 소녀를 성매매한 혐의로 체포되어 요코하마지방법원에서 징역형을 받았다. 영화감독으로서 착실하게 이력을 쌓아 온 그가 성매매에 집착한 이유는 과연 무엇이었을까. 이마제키 또한 44세이므로 나와 같은 세대다. 그들은 아마도 성인 여성에게는 없는 무엇인가를 찾아 소녀에게 접근했을 것이다. 그것이 도대체 무엇인지 해명하지 않으면 안 된다.

롤리타콤플렉스는 병일까

눈앞에 귀여운 소녀가 있다면 그 소녀를 언제까지나 바라보고 싶다, 감상하고 싶다는 느낌은 극히 평범한 감정일 것이다. 그런데 그 소녀와 데이트하고 싶다, 연인으로 사귀어보고 싶다, 집에 데려가고 싶다, 누이와 딸로 삼고 싶다는 따위의 망상을 하기 시작하는 것이 롤리타콤플렉스의 특징이다. 그 망상은 소녀의 몸을 만지고 싶다 그리고 소녀를 향해서 사정하고 싶다는 데까지 나아간다.

이렇게 말하면 롤리타콤플렉스는 분명히 병이고 자신과는 전혀 관계가 없다고 생각할 남성이 있을 것이다. 하지만 다음과 같이 생각해 보면 어떨까. 자신의 취향에 맞는 성인 여성이 매력적인 모습으로 눈앞에 나타난다고 하자. 남자 가슴은 분명 두근댈 것이다. 그 여자와 데이트를 한다. 함께 식사하고, 마주 보면서 대화도 나누고, 술도 마신다. 남자 마음속에서 이 여자와 성적인 행위를 해 보고 싶다는 생각이 솟아나도 이상하지는 않을 것이다. 식사를 마친 후 그녀와 드라이브를 하면서 넌지시 유혹해 본다. 그녀가 강하게 부정하지 않으면 이대로 어딘가로 데려가고 싶다고 생각할 수도 있다. 그때 남자는 발기한 상태일지 모른다. 남자의 머릿속에는 성교와 사정이 예감되기 시작한다. 성인 여성을 상대했을 때 남성에게 나타나는 이러한 흔한 신체 반응을 병이라며 책망할 사람은 거의 없을 것이다.

자신의 취향에 맞는 성인 여성이 눈앞에 나타났을 때 '좋은데' 하면서 가슴이 뛰는 까닭은 '어쩌면 이 여자와 섹스하고 사정할 수 있을지도 모른다. 그렇게 되면 얼마나 좋을까' 하는 감정이 머릿속 한구석에서 희미하게 느껴지기 때문이리라. 실제로 그런 일은 있을 수 없다고 생각해도 작고도 엷은 환상이 남자의 미음을 스치는 것이다. 그런 뭐라고 말할 수 없는 기대감이 남자의 마음을 뛰게 한다. 물론 남자는 가벼운 흥분 상태에 있어 이러한 자기 마음속 움직임을 전혀 의식할 수 없겠지만 말이다.

'두근거림' 깊은 곳에 있는 것

그런데 롤리타콤플렉스 남자는 눈앞에 귀여운 소녀가 나타나거나 텔레비전, 사진집, DVD 등에서 귀여운 소녀의 모습을 보거나 만화, 애니메이션, 컴퓨터그래픽에서 예쁜 소녀를 보면 정확히 위에서 말한 것과 같은 '두근거림'을 느끼고 만다. 심장이 두근거릴 때 바로 발기하거나 어딘가로 데려가 겠다고 생각하는 것은 아니다. 대개는 마음을 채운 두근거림 때문에 흥분한 상태로 멍하니 있을 뿐이다.

그렇지만 소녀에게 두근거림을 느꼈을 때 이미 그 남자는 자신도 눈치 채지 못한 채 소녀를 욕망하기 시작할 것이다. 이 과정은 성인 여성을 대했을 때와 완전히 똑같다. 물론 남 자가 실제로 그러한 행위에 이르는 경우는 극히 드물다. 하 지만 행위에는 미치지 못해도 남자의 머릿속은 섹스와 사정 등을 희미하게 예감하고 있는 것이다. 이것이 소녀를 향한 성적인 시선의 본질이다.

롤리타콤플렉스란 소녀와 소녀의 영상을 보면서 이러한 두근거림을 느끼는 것을 말하고, 두근거림을 느끼는 남자도 가리킨다. 두근거림의 밑바닥에는 본인도 쉽게 눈치 채지 못 하는 섹스와 사정에 대한 욕망이 감추어져 있을 것이다. 롤 리타콤플렉스를 이렇게 다시 정의해 보면 오늘날 일본 성인 남성 다수가 시나브로 롤리타콤플렉스에 감염되어 있다고 생각하지 않을 수 없다. 텔레비전과 잡지를 비롯한 대중매체 가 소녀를 향한 성적인 시선을 교묘하게 부추기고 있기 때 문이다. 자신도 모르는 사이에 소녀를 성적으로 바라보게 되 고, 쾌락의 대상으로 재구성하게 된다.

소녀를 교묘하게 포장하는 어른들

예를 들면 국민적 아이돌 그룹 '모닝구 무스메'가 그 전형이다. 1997년에 결성된 이 그룹은 2000년에 롤리타콤플렉스의 표적이 되는 '12세' 소녀가 멤버로 가입하면서 일본 전역의 시선을 모으는 그룹으로 성장한다. 2003년에는 야구치 마리와 초등학생 5명이 함께한 직스ZYX라는 그룹이 데뷔했다. 멤버의 연령도 12세 초등학생까지 내려갔다. 같은 때에 13세 소녀 5명으로 구성된 그룹 스윗츠SweetS도 다른 회사에서 데뷔했다. 더욱이 2004년에는 소녀 8명으로 구성된 베리즈 코보Berryz 工房가 데뷔한다. 그 멤버는 중학교 1학년 2명, 초등학교 6학년 5명, 초등학교 4학년 1명으로, 마침내 10세 소녀까지 등장하게 된 것이다.

남자도 모르는 남성에 대하여

'매우 섹슈얼한 소녀들'이라는 메시지

이들 그룹은 노래가 듣기에 좋고 건강하다는 이미지로 인기를 얻고 있지만, 이면에는 '매우 섹슈얼한 소녀들'이라는, 보고 있는 사람의 무의식에 작용할 만한 메시지가 교묘하게 깔려 있다. 이는 직스의 데뷔 사진을 보면 금방 알 수 있다. 초등학생 소녀들이 성인 여성이 입을 법한, 여성적인 매력을 강조한 속살이 드러나는 옷을 입고서는 배꼽을 드러낸 채 허리선을 강조하면서 서 있다. 이런 모습에서 많은 성인 남성이 자동으로 성적인 것을 읽어 내도록 훈련되어 있다. 그 결과 성욕으로 가득 찬 시선이 초등학생 소녀들에게 쏟아지는 것이다.

스윗츠의 경우도 마찬가지다. 멤버들은 성인 여성의 옷을 입고 미니스커트 차림으로 다리를 노출하고 이쪽을 유혹하는 듯한 시선으로 사진을 찍었다. 거기에 가득한 것은 '우리는 성적으로 성숙한 어린이들이다'는 메시지다. 데뷔곡이 〈LolitA〉라는 점도 시사하는 바가 있다. 베리즈 코보의 초등학생 멤버들 또한 성인 여성처럼 짙은 화장을 하고 있어 사진만으로는 도저히 초등학생이라고 생각할 수 없는 분위기다. 시청자들은 이들이 초등학생이지만 몸은 이미 성인다운 사랑을 하는 여자아이라는 메시지를 받아들이게 되어 있다. 이런 소녀들의 연령은 해가 갈수록 점점 낮아지고 있다.

물론 어린이 연기자는 이전부터 있었다. 그러나 앞서 말한 소녀 아이돌 그룹은 그저 여느 어린이 출연자와 같이 대중매체에 등장하는 것이 아니다. 초등학생도 포함된 소녀 멤버들은 성에 눈뜬 소녀, 즉 보고 있는 당신과 어쩌면 성적인 관계를 가질 수도 있는 여성으로서 가지각색으로 연출되고 조작된다. 성인 여성 같은 복장과 화장, 남성을 유혹하는 몸짓과 시선, 미니스커트, 배꼽 드러내기, 허벅지 노출이 모두 시청자의 무의식에 호소하고 퍼부어진다.

대중매체에 나온 이런 소녀들을 그저 '귀여운 여자아이'로만 보는 남자가 과연 얼마나 될까? 상당히 많은 남자가 뭔가 켕기는 듯한 기분으로 그녀들을 보고 있지는 않을까? 주위에 물어보니 역시 남자들의 시선은 그런 듯하다. 니챤네루* 같은 인터넷 게시판에서는 모닝구 무스메를 성적인 대상으로 보는 것이 논의의 당연한 전제가 되어 있다. 니챤네루는 자신이

---

* 일본에서 가장 유명한 익명 게시판 사이트. 거의 모든 주제를 망라하는 거대 게시판으로 히로유키라는 젊은이가 만들었다. 일본 사회에서 공식적으로 표출되지 않는 과격한 주장이나 비공식적인 정보의 온상으로 일본 사회에서도 문제가 되는 경우가 많다. 최근 한국 네티즌과 벌인 사이버 전쟁으로 우리나라에도 알려졌다.

롤리타콤플렉스라는 것을 솔직하게 말할 수 있는 드문 공간
으로 거기에는 소녀 아이돌에 대한 성적인 망상이 적나라하
게 드러나 있다.

소녀 아이돌 제작자들의 교활한 상술

대중매체에는 이렇듯 12세 전후의 소녀들을 향한 '성적인
시선'이 교묘하게 내포되어 있고 그것이 오늘날 일본 산업
전반에 스며들어 있다. 남성이 아이돌에게 투사해서 보고 있
는 것은 사탕과자의 분위기에 감싸여 교묘하게 연출된 어린
소녀들의 '성' 바로 그것이다.

여성이 많은 어떤 모임에서 이 사실을 꼬집어 의견을 물
어보았다. 그러자 아이돌 그룹에 성적인 시선이 퍼부어지고
있다는 사실을 전혀 눈치 채지 못했다는 반응이 대부분이었
다. 여기에 대중매체의 마술이 있다. 즉 같은 영상을 보여 주
었을 때 남성과 여성은 받아들이는 방식이 완전히 다르다.
예를 들어 미니스커트 모델을 본 여성은 보통 "멋진 다리!"라
고 반응하는 경우가 많다. 그런데 미니스커트를 좋아하는 남
자는 '팬티가 보일 듯 말 듯 한 상태에 초조해했다'고 반응할

것이다. 마찬가지로 초등학생 소녀 연기자가 립스틱을 예쁘게 칠하고 텔레비전에 나오면 보통 여성은 "요즘 여자아이들은 조숙해서 좋겠네!"라고 반응할 뿐이지만, 롤리타콤플렉스 남자는 그 립스틱에서 성적 접근을 허락하는 신호를 읽어내고 또 같은 색으로 빛나고 있을 그 소녀의 성기를 일순간 상상할지도 모를 일이다.

소녀 아이돌 제작자들은 이러한 인식의 차이를 최대한 이용한다. 건강한 여자아이의 이미지 뒤편에 성적인 유혹의 메시지를 슬쩍 묻어 놓는 것이다. 그 결과 텔레비전에서 힘차게 뛰어다니는 소녀들의 모습이 롤리타콤플렉스 남자들에 의해 완벽하고 공공연한 외설 소녀 포르노로 소비되어 버리고 만다.

'미니모니' 비디오에 숨겨진 메시지

예를 들어 미니모니의 뮤직비디오 〈미니모니. 가위바위보!〉가 텔레비전에서 자주 방영되었다. 미니모니는 모닝구무스메 멤버 가운데 키 150센티미터 이하의 소녀 4명을 따로 조합해 만든 그룹이다. 이 비디오 앞부분에 가위바위보에

남자도 모르는 남성에 대하여

서 진 멤버 둘이서 우유를 강제로 마시는 장면이 있다. 하얀 우유를 가득 붓는 동영상을 배경으로 얼굴이 클로즈업되는데 멤버들은 눈을 감은 채 우유를 마신다. 다 마신 뒤 소녀의 입술에 감도는 빛이 인상적이다. 소녀가 하얀 액체를 마시게 하는 이 장면은 무엇을 의미할까? 새삼스레 말할 필요도 없을 것이다. '야구치 마리는 우유를 싫어하니까 가위바위보에서 지면 마시게 하자'는 표면의 메시지와는 완전히 다른 의도가 교묘하게 숨겨져 있다. 이런 뮤직비디오가 텔레비전에서 되풀이하여 방영되는 것이다. 같은 해, 아이돌 스타인 히로스에 료코가 얼굴에 우유를 퍼붓는 그라비아*를 찍어서 화제가 되었다.

이러한 메시지가 매일 대량으로 쏟아진다면 어떻게 될까? '소녀들은 매우 섹슈얼하고, 성인 여성을 보는 듯한 성적인 시선을 한껏 받기를 바라고 있다'는 메시지가 남자들 머릿속에 새겨질 것이다. 한편 아이돌의 모습은 보통 소녀들 사이에서도 본받아야 할 거울 노릇을 하게 된다. 소녀들은 또래

---

* 젊은 여성을 적당히 선정적으로(수영복 차림이 보통 마지노선) 찍은 사진을 가리키는 용어다. 이 분야의 전문적인 아이돌을 그라비아 아이돌이라고 부른다. 보통 아이돌이 외모, 특히 얼굴이 중요한 반면 그라비아 아이돌은 가슴 크기 등 몸매가 더 중요하다.

아이돌과 같이 성적인 가치를 주위에 드러내는 일이 멋지다고 세뇌당할 것이다. 이런 메시지는 대중매체를 접하는 남성과 소녀에게 선택적으로 작용한다. 같은 영상을 보더라도 이 메시지의 존재를 전혀 알아차리지 못하는 성인 여성과 어머니가 많지 않을까? 성인 여성들은 아이돌에게 젊을 때의 자기 모습을 겹쳐 놓고 '귀여워!' 하며 도취하는 데서 멈추어 버렸는지도 모른다.

미소녀 사진집에 깔린 성적인 연출

롤리타콤플렉스 남자를 구매자로 겨냥한 듯한 사진집도 많이 나돈다. 한 예로 2000년에 나온 아이돌 사진집 《XXX》(제목은 밝히지 않음)을 보자. 이것은 텔레비전과 영화에 출연하고 있는 연예인 S를 모델로 한 아름다운 사진집이다. S는 당시 11세의 초등학생으로 책 띠지에는 '초미소녀 데뷔'라고 쓰여 있다. 그 말에 거짓은 없다.

표지는 S의 얼굴을 클로즈업한 것인데 어른 같은 이목구비에 입술에는 분홍 립스틱이 칠해져 있다. 하지만 그녀가 입고 있는 것은 어깨 끈이 달린 초등학교 교복이다. 3장에서 서술한 것처럼 교복의 힘을 이용하면서 '이 소녀는 아직 초등학생이지만 성적으로는 성인 여성'이라는 메시지를 독자들에게 내보내고 있는 것이다. 이것이 이 사진집의 주제다.

책을 넘기다 보면 그녀가 다니고 있을 것으로 추정되는 초등학교 교정에서 찍은 사진이 몇 장인가 나온다. 표지 사진과는 다르게 어디를 봐도 아직 어린 초등학생 여자아이다. 그러나 분홍 립스틱만은 확실히 칠해져 있다. 일련의 사진 중에서 가장 시선을 끄는 것은 그녀가 교정에서 호스로 물을 뿌리고 있는 사진이다. 그녀는 장난스럽게 웃으면서 신나게 물을 뿌리고 있지만 그녀의 감색 교복치마는 바람에 펄럭여 크게 젖혀 올라가 있다. 아슬아슬한 지점에서 아직 속은 보이지 않지만 '치마 속은 어떻게 되어 있을까'라고 누구라도 생각하고 말 구도다. 이 사진이 감추고 있는 의도는 명백하다. 치마가 젖혀 올라간 소녀와 호스에서 기세 좋게 뿜어지는 물. 이것은 이 초등학생 소녀의 성기를 향해 사정하는 이미지 바로 그것이다. 이 교정에서 카메라맨은 틀림없이 사진을 엄청나게 많이 찍었을 것이다. 그중 이 한 장이 사진집에 실렸다는 점에서 제작자의 의도를 느끼지 않을 수 없다.

학교 수영장에서 찍은 사진도 몇 장 있다. 그녀는 하얀 블라우스와 감색 어깨끈이 달린 주름치마를 입고 수영장 출발대에 앉아 있다. 그리고 손가락을 뻗어 수영장물의 수면을 건드리려 한다. 그녀는 이쪽을 가만히 바라보고 있는데 교복 치마는 허벅지 위까지 부자연스럽게 젖혀 올라가 있다. 촬영할 때 스태프가 일부러 치맛자락을 허벅지 위까지 올렸다고 생각할 수밖에 없는 모습이다. 이상하게 노출한 다리와 멀리서도 알 수 있는 립스틱이 어우러져 요염한 분위기를 자아낸다.

이것은 초등학생인 그녀를 꼭 성인 여성을 보는 듯한 시선으로 바라보게 하려는 사진이다. 교복, 걷어 올린 치마, 화장한 얼굴, 이쪽을 바라보는 동그란 눈동자. 이제는 이런 식의 '성인 여성 연출'이 초등학생에게서도 일어나고 있다. 사진집 중간쯤에는 길거리의 오래된 다가시* 가게 앞에서 사복 차림으로 우두커니 서 있는 사진이 있다. 그녀는 머리를 땋고 어린이다움을 강조한 하이웨이스트 면 원피스를 입고 있지만, 손에 쥐고 있는 것은 뚜껑을 막 연 우유병이다. 그녀는 하얀 우유가 들어 있는 병을 입가로 가져가서 당장이라도 마시려는 듯한 모습이다. 여기에서도 미니모니 비디오에 나온

•좁쌀, 보리 등의 잡곡과 흑설탕으로 만든 소박하고 싼 과자를 일컫는다. 20~30년 전에 많이 소비되었기 때문에 '추억의 맛'으로도 불린다.

남자도 모르는 남성에 대하여

'우유 마시는 소녀' 모티프가 사용되고 있다. 이 가게 냉장고에는 주스와 건강음료를 비롯한 많은 음료수가 진열되어 있는데 그중 왜 굳이 우유를 꺼내 마시려고 하는가? 이유는 하나밖에 생각할 수 없다. 되풀이할 필요도 없을 것이다.

물론 이 사진집에는 천진난만한 초등학생 소녀의 일상을 묘사한 사진도 많이 수록되어 있다. 귀엽고 예쁜 여자아이가 즐겁게 놀고 있는 모습을 담고 있다. 하지만 그 사진 사이에 이미 말한 것처럼 연출한 사진이 참으로 자연스럽게 끼어들어가 있다. 이 '자연스러움'이 사진집을 보는 우리 판단력을 기만하여 무의식에 호소하게 된다. 그 메시지는 이 초등학생 소녀는 아직 어린아이지만 얼마든지 성적인 관계를 맺을 수 있으며 남자의 정액을 받아들일 준비가 되어 있다는 것이다.

그 메시지를 의식하지 못하고 받아들인 남자들은 이 사진집을 보면서 정체를 알 수 없는 '두근거림'을 느낀다. 그 두근거림은 자신이 지금 이 소녀를 성적인 시선으로 바라보고 말았다는 사실에서 생긴 감정이다. 나는 제작자의 의도가 그런 자극을 받은 남자들이 무심코 사진집을 사게 하는 데 있다고 생각한다. 이 사진집은 서점의 아이돌 스타 책 코너에 가면 간단하게 손에 넣을 수 있다. 피사체인 소녀도 텔레비전과 영화에 출연하고 있는 주니어 아이돌이다. 말하자면 무의식에 스며드는 이런 장치가 일상생활에서 당당하게 작동되고 있는 것이 오늘날 일본의 현실이다.

아홉 살짜리 소녀와 핑크 립스틱

다른 한 권을 보자. 이 사진집은 2004년 발매된《○○○○》(제목은 밝히지 않음)이라는 아름다운 사진집으로 K라는 아홉 살짜리 소녀를 모델로 하고 있다. 이 사진집도 여느 서점에서 살 수 있다. 사진집 표지를 보면 하얀 체육복 상의에 감색 블루머 하의를 입은 소녀가 이쪽을 보고 미소 짓고 있다. 그 얼굴은 분명히 천진난만하고 나이는 아홉 살 정도로 보인다. 다만 입술에 역시 립스틱을 빈틈없이 발랐을 뿐이다. 책 띠지에는 "조그만 'NEW 초등학생' Jr. 아이돌 첫 번째 사진집"이라고 쓰여 있고, 속표지에는 생년월일과 함께 '키 129센티미터'라고 적혀 있다.

책장을 넘기면 사복 차림의 소녀가 카메라에 시선을 맞추고 이쪽을 가만히 바라보고 있는 사진이 몇 장 있다. 그녀의 머리카락은 단정하게 다듬어져 있고 화장도 하고 있어 얼굴만 보면 중학생이나 고등학생 아이돌로 헷갈릴 정도다. 판권을 보면 헤어스타일과 스타일링 전문가가 밝혀져 있다. 사진집 전체를 통해 아홉 살짜리 초등학생에게 중학생이나 고등학생 연예인 사진집을 만들 때와 똑같은 작업을 하게 했다는 인상을 받는다.

그 다음에 가장 충격적인 사진이 나온다. 진한 분홍색 립스틱과 마스카라 등으로 어른처럼 화장한 이 소녀가 빨간 란도셀*을 메고 카메라를 응시하는 사진이다. 란도셀에는 리코더와 인형도 달려 있다. 게슴츠레한 눈과 반쯤 벌린 입술. 화장한 이 나른한 얼굴만 보면 그대로 성인 여성이다. 장소는 비록 옥외 도로지만 이 사진은 누가 어떻게 보더라도 노골적으로 남성 독자를 성적으로 유혹하는 사진으로밖에 볼 수 없다. 이러한 표정과 자세는 성인 그라비아 아이돌이 자주 보여 주는 모습인데, 초등학생 소녀에게도 그렇게 시킨 것이다. 더구나 란도셀이 몸에 비해 커서 생생한 분위기를 자아낸다. 아홉 살이면 초등학교 3학년이다.

그리고 리코더를 든 사진이 이어진다. 리코더를 양손에 들고 있는 사진, 리코더를 한 손에 쥐고 오래된 시골집 툇마루에 엎드려 이쪽을 도발적인 시선으로 바라보는 사진들. 그

* 일본 초등학생들이 전통적으로 메는 통학용 가방.

런데 그 사진들엔 란도셀이 메어져 있다. 이어 소녀는 란도셀을 머리 위에 놓고 툇마루에 누워 잔다. 리코더를 안은 자세로 입은 반쯤 벌리고서 말이다. 독자는 이 소녀를 위에서 내려다보게 돼 있다. 소녀의 스커트는 걷어 올려져 하얀 허벅지가 보인다.

이 사진 다음에는 클로즈업된 소녀 사진이 나온다. 소녀는 리코더를 막 입에 넣고 있다. 이번에도 소녀는 이쪽을 응시하고 있는데 내리쬐는 햇빛을 받고 있다. 누군가 햇빛을 가로막고 서 있는 게 분명하다. 소녀의 어깨 아래에는 인형이 찌그러져 있다. 이 일련의 사진이 의미하는 것을 더는 설명할 필요가 없을 것이다. 그 다음에는 흔하디흔한 학교수영복* 사진과 아이돌 사진이 잔뜩 실려 있다.

앞에서도 지적했지만 제작자는 중·고등학생 아이돌과 전적으로 같은 자세와 복장을 요구하고 있다. 완전히 어린아이 체형인 이 소녀가 성인 여성과 다를 바 없는 선정적인 분위기를 빚어내는 것은 부자연스러운가 아니면 더는 부자연스

---

*일본에서는 학교에서 수영 수업을 하고, 수영복이 정해져 있다. 여학생 수영복은 보통 단색 원피스형으로 노출이 심하지는 않지만 '교복'처럼 성적인 의미를 띠는 경우가 있다.

남자도 모르는 남성에 대하여

럽지 않은가? 사진집 마지막 장에는 더할 나위 없이 노골적인 클로즈업 사진이 실려 있다. 새빨간 블라우스를 입은 소녀가 이쪽을 응시하면서 막 벗긴 큰 바나나를 입에 물고 있는 것이다. 더는 말할 필요도 없다. 사진집 맨 마지막에서 소녀는 수영복을 입고 다리를 벌린 채 독자를 도발한다.

소녀들의 부모 문제

여기에 소개한 것은 아이돌 사진집 가운데서도 극히 일부에 지나지 않는다. 이러한 사진집들이 시장을 이루고 일반 서점과 인터넷 서점에서 당당하게 팔리고 있다. 이런 사진집을 볼 때마다 이 소녀들의 부모는 도대체 무슨 생각을 하고 있는지 모르겠다는 의문이 든다. 물론 부모가 빚을 지고 있거나 협박을 당한 경우도 있을 것이다. 그러나 모두 그렇지는 않을 것이다. 부모는 어떤 이유에서 이런 촬영을 승낙했을까? 아마도 그 어머니는 아이돌이 되어 사람들 눈길을 끌고 각광을 받을 딸의 모습에 자신을 겹쳐 놓고 여성으로서 성취감을 맛보고 있을지 모른다.

하지만 아버지는 어떤가? 자기 딸이 이런 식으로 성적인 대상이 되어도 불평하지 않는다는 말인가. 9세에서 14세 사이의 딸이 있는 아버지란 30대 후반에서 40대 중반일 것이다. 그렇다. 여고생 치마 속을 훔쳐 본 혐의로 체포된 남자나 12세 소녀와 성매매를 하여 징역형을 선고받은 남자와 같은 세대다. 즉 이들 사진집에 나오는 주인공 소녀들의 아버지 자신이 롤리타콤플렉스일 가능성이 있는 것이다. 아버지 자신이 딸의 영상에 '모에' 하고 있을지도 모른다고 생각하면 참을 수가 없다. 아버지도 어머니도 불평이 없고 소녀 본인은 사진 찍히는 것을 기뻐하고 있으니, 주니어 아이돌 사진집과 DVD는 서서히 영역을 확대해 사회 전체로 점점 더 롤리타콤플렉스를 퍼뜨리고 있다.

위장된 '소녀 포르노'에 몰리는 사람들

앞서 소개한 현상은 오늘날 일부 사진집에서만 보이지만 이후로는 더 일반적인 대중매체로 번질 가능성이 있다. 모닝구 무스메가 이미 그 문을 열어 버렸다. 중견 교사, 학자, 영화감독 등 일본 사회를 중심에서 지탱하는 세대의 남자들에게 롤리타콤플렉스가 침투하고 있는 이상 이 흐름은 이제 돌이킬 수 없어 보인다. 사회규범을 만들고 그것을 스스로 실천해야 할 사회적 책임이 있는 세대의 남자들에게 롤리타콤플렉스가 깊고 조용히 침투하고 있다면 도대체 어떻게 해야 할 것인가?

물론 더 노골적으로 소녀를 성적으로 학대하는 사진과 영상은 아직도 사회의 뒤쪽에서 유통되고 있다. 그런 것을 구독하는, 뼛속 깊이 롤리타콤플렉스를 새긴 남자들은 더욱 큰 범죄를 저지를 위험이 있다. 이런 소녀 학대 포르노는 엄격하게 단속해야 한다. 이 사실은 거듭 강조하고 싶다.

이와 함께 또 강조하고 싶은 것은 이것과는 완전히 별개의 유통망을 통해 사회 전체의 롤리타콤플렉스화를 진행시키고 있는 세력에 대해서다. 예로 든 사진집과 영상물은 겉보기에는 어디까지나 합법적인 출판과 텔레비전 프로그램이다. 그러나 그 속에는 소녀에게 무의식적으로 성적인 시선을 두게 하는 장치가 깔려 있다. 이것을 마치 선정성이 전혀 없는 상품인 양 유통시키고 히트 상품으로 대대적으로 선전함으로써 공공연하게 팔아먹는 세력이 있다는 점을 잊지 말아야 한다.

우리 사회에는 표현의 자유와 취향의 자유가 있다. 따라서 현실에서 소녀가 학대받지 않는 한 이런 작품을 규제하기는 어렵다. 그 결과 겉으로는 소녀 포르노가 아닌 것처럼 보이는 상품을 보면서 많은 남자가 양심에 찔리는 성적 쾌락을 은밀히 흡수하기 시작할 것이다. 내가 모닝구 무스메 같은 프로젝트 그룹에서 발견하는 것이 이러한 작동 원리다. 나는 그것을 '건강한 소녀들의 노래와 댄스 그리고 성장 이야기'라는 식으로는 결코 봐줄 수 없다. 위장된 '소녀 포르노'에 마음속 깊이 반응해 '귀여운 여자아이라 좋은데' 하면서 그 뒤에서는 소녀들을 통해 성적인 쾌락을 누리려는 우리 자신을 돌아볼 필요가 있다.

롤리타콤플렉스화는 멈추지 않는다

지금까지 사진집과 DVD를 살펴보았다. 그런데 비슷한 상황은 인터넷에서도 나타난다. 어떤 사이트는 15세 이하 소녀의 사진과 동영상을 유료로 판매하고 있는데 최연소는 10세다. 동영상 내용은 교복 사진, 학교수영복 사진 등이고 여기서도 화장한 소녀를 볼 수 있다. 동영상 샘플에 학교수영복을 입은 소녀가 다리를 벌리고 찍은 하반신도 있듯이 사용자를 향한 메시지는 너무나 직설적이다. 같은 계통의 다른 사이트도 15세 이하 소녀를 자랑거리로 삼고 있다. 여기서도 최연소는 10세다. 이들 인터넷 사이트는 이른바 성인용 사이트가 아니다. 누구라도 자유롭게 열람할 수 있게 예쁘고 귀엽게 만들어져 있다. 모델도 주니어 아이돌이라고 생각된다. 사진집도 최근에는 DVD와 동시 발매되는 일이 많은 듯하다. 앞으로는 성적인 시선으로 소비하기 위한 소녀들의 동영상이 다양한 유통망으로 흘러가게 될 것이다.

이상이 2004년 여름의 상황이다. 세태는 곧 변하기 때문에 소녀를 상품화하는 구체적인 모습은 매우 짧은 시간 동안 바뀔 것이다. 그렇더라도 소녀를 향한 성적인 시선은 당분간 여전할 것이 틀림없다.

위장된 '소녀 포르노'가 일반 매체에 점점 침투하면 어떻게 될까. 일단 소녀 본인이 어른이 되었을 때 그 의미를 알게 되어 괴로울 것 같다. 이것은 표면에 나타나지 않는 큰 문제다. 다음으로 남자들은 그냥 텔레비전을 보거나 잡지를 보는 것만으로도 '실체를 숨긴 포르노'로부터 자극의 세례를 받게 된다. 그 결과 소녀에 대한 성적인 감수성이 자신도 모르는 사이에 계발될 것이다. 소녀 관련 상품이 커다란 시장을 형성하고 교묘한 자극이 차례차례 쌓여 사회 전체로 롤리타콤플렉스가 퍼져 나갈 위험이 있는 것이다.

롤리타콤플렉스는
왜 소녀를 꿈꾸는가

여기서는 롤리타콤플렉스를 갖게 되는 마음속으로 시선을 돌려 보자. 롤리타콤플렉스가 생기는 원인은 사회 안에 있을 뿐만 아니라 인간의 마음속에도 있기 때문이다. 그것을 해명하기 위해 나는 내가 경험한 적이 있는 롤리타콤플렉스의 기분을 냉정하게 분석해 보겠다.

롤리타콤플렉스의 심리

이노우에 세츠코いのうえせつこ는《늘어나는 소녀 성매매, 어린이를 사는 남자들》에서 국내외에서 소녀를 사는 남자들에 대해 보고하고 있다. 이노우에는 남자가 소녀를 사는 이유를 다음과 같이 추측한다.

남자도 모르는 남성에 대하여

(…) 여성은 결혼하여 남편과 인간관계를 쌓아 올리지 못하면 그 대리를 남편과 동성인 자식에게서 구한다. 더 나아가 '자식을 위하여'라고 이야기하며 교육마마*가 되어 자식을 통한 자기실현을 꾀한다. 그것은 척 보기에는 자식에 대한 애정 같지만 실제로는 자립할 수 없는 어머니가 자기애를 증폭시키는 행위다. 그 결과 자식은 어머니와 정서적인 관계를 끊기 위해서 애정과 섹스를 분리하는 행위로 자신을 지키려 한다. 그 하나가 '소녀 성매매' 행위다.[20]

그러나 이것만으로는 왜 롤리타콤플렉스의 성욕이 성인 여성을 향하지 않고 소녀로 향하는지 설명할 수 없다. 이노우에는 "젊고 귀여운 여자아이를 좋아하는 남성은 말하자면 유치하고 성숙하지 않은 남성"[21]이라고 했지만 이것도 이유로서는 약하다(다만 이노우에가 소녀 성매매의 원인을 어머니와의 결별로 보고 있는 점은 흥미롭다. 이에 대해서는 나중에 쓰겠다).

•일본에서는 유치원에서 대학까지 에스컬레이트식으로 연결되어 있는 경우가 많다. 명문 대학에 자식을 입학시키는 가장 확실한 방법이 그 대학에 연결되어 있는 유치원, 소학교, 중학교 등에 자식을 입학시키는 것이다. 명문 대학에 자식을 입학시키려고 자식의 교육에 온갖 정성을 다하는 어머니를 '교육마마'라고 한다.

소녀를 성적으로 학대하는 남자들에 대한 연구는 착실히 진행되어 왔다. 그 결과 성적으로 학대를 당한 남자아이가 어른이 되어서 소녀를 성적으로 학대하는 학대의 악순환도 밝혀졌다. 고독한 생활, 미숙한 자아 등의 심리학적인 요인도 지적되었다.[22] 더는 피해를 입는 소녀가 나오지 않도록 이 분야 연구가 더 심화되어야 한다. 다만 신경이 쓰이는 한 가지는 연구 대상이 거의 성범죄자에 한정되어 있다는 점이다. 내가 이 책에서 다루고 싶은 것은 성범죄를 저지른 적은 없지만 마음속에 롤리타콤플렉스를 갖고 있는 남성의 심리다. 범죄에는 이르지 않은 매우 많은 남자가 이 사회의 롤리타콤플렉스화를 진행시키고 소녀들을 성적으로 소비하는 환경을 만들어 내고 있다는 점을 문제 삼으려는 것이다.

소녀들의 '위험한' 귀여움

그렇다면 롤리타콤플렉스 심리란 어떤 것인가. 소녀를 유괴한 남자가 '귀여워서' 유괴했다고 말한 경우가 있다. 그 기분은 쉽게 이해할 수 있다. 초등학생부터 중학생까지의 소녀를 멀리서 보면 두말할 나위 없이 귀여워 보인다. 그 '귀여움'

남자도 모르는 남성에 대하여

안에는 이미 성적인 것이 포함되어 있다. 소녀에게서 느끼는 귀여움과 비슷한 나이대의 소년에게서 느끼는 귀여움이 명백히 다르기 때문이다. 남자아이에게는 솔직하게 '귀엽군' 하고 느끼지만 여자아이에게는 이러한 느낌에 뭔가 말로 할 수 없는 '위험한' 귀여움까지 더해진다. 그 이유는 내 속 깊은 데 있는 근본적인 무엇인가가 흔들리고 있기 때문이다. 나는 그것이 내 안에 있는 성적인 것이 틀림없다고 직감한다.

앞서 썼듯이 롤리타콤플렉스 남자가 선호하는 소녀 나이의 정점은 11세부터 12세까지다. 그 나이를 기준으로 아래로는 10세, 위로는 14세 정도까지 포함된다.

앞서 살펴본 사진집을 보면 아홉, 열한 살짜리 소녀도 립스틱을 바르는 등 화장을 하고 있었다. 수영복 사진 등에는 성인 그라비아 아이돌과 비슷한 선정적인 자세와 표정도 담겨 있었다. 이를 어떻게 생각해야 할까? 하나는 이 나이 때의 소녀는 흔히 엄마의 립스틱을 훔쳐 바르니 비슷한 식으로 조숙한 소녀를 표현했다는 것이다. 그러나 이것은 제작자 측의 치졸한 변명에 지나지 않는다. 다른 하나는 성인 여성과 비슷한 차림을 해 놓음으로써 이 초등학생 소녀가 이미 성교를 나누는 데 문제없음을 은밀히 드러내려 했다는 것이다. 이는 롤리타콤플렉스 남자의 성적인 흥미에 곧바로 호소하는 메시지로 제작자의 진짜 의도일 것이다.

18세 이상의 모델을 쓴 롤리타콤플렉스 사진도 있다. 하지만 이때는 현상이 완전히 역전된다. 즉 성인 여성을 마치 어린 소녀처럼 조작하는 것이다. 머리를 땋든지, 맨 얼굴로 사진을 찍든지 하고, 일부러 천진난만한 표정을 짓게 한다. 헤어스타일이나 의상 따위로 체형을 가려 앳돼 보이게 만들려는 것이다. 어느 나이대까지 끌어내리려는지 속셈을 살펴보면 역시 중학생 정도가 아닐까 싶다.

2차 성징의 의미

그렇다면 11세, 12세는 도대체 어떤 의미가 있는 것일까? 내가 주목하는 것은 그 시기가 '2차 성징'이 나타나는 시기와 거의 일치하고, 보통 초경을 하는 때라는 사실이다. 이 두 가지에는 각각 깊은 의미가 있으므로 차례차례 짚어 보겠다.

2차 성징이란 뇌하수체에서 성선자극호르몬이 분비되어 어린아이가 어른 몸으로 변해 가는 과정이다. 소녀는 가슴이 부풀고 허리가 잘록해지는 등 몸의 선이 둥글어지기 시작한다. 예를 들어 15세 이하 소녀의 사진을 판매하고 있는 한 사

남자도 모르는 남성에 대하여

이트는 12세 소녀 A에 대해 다음과 같이 쓰고 있다.

또렷한 그 눈동자에는 더러움을 모르는 소녀 특유의 반
짝임이 빛납니다. 그 순진한 매력에 '역시 아직 어리군'
하는 느낌이 듭니다. 한편 학교수영복을 입은 채 보여 주
는 살짝 외면한 듯한 시선과 교복을 입은 채 보여 주는 얼
마간의 우울을 품은 시선에서는 문득 성인 여성으로 성
장해 갈 조짐이 발견되어 무심코 두근거리고 말았습니다.

또 다른 사이트는 10세 소녀 T에 대해 다음과 같이 쓰고
있다.

하지만 그런 그녀의 표정과 윤곽을 멍하니 보고 있으면
아주 조금 더 시간이 지나면 소녀가 계단을 올라가기 시
작하는, 그런 절묘한 시기를 포착했다는 느낌이 듭니다.

이런 표현에서 알 수 있는 것은 11세에서 12세의 소녀가
어린아이에서 성인 여성으로 탈피하는 순간을 보고자 하는
제작자의 집념이다. 롤리타콤플렉스 사진집의 독자들 또한
이런 생각을 공유하고 있을 것이다. 즉 롤리타콤플렉스 남자

들은 소녀에서 성인 여성으로 탈피하는 순간에 이상하게 집착한다. 성인 여성에 대한 집착이 아니다. 성인 여성이 출현하는 '순간'에 집착하고 있는 것이다. 그렇다면 어째서 그 탈피의 순간에 이렇게까지 집착하는가. 페미니즘은 처녀를 소유하는 데 가치를 두는 가부장제에서 원인을 찾겠지만 나는 그것과는 다른 각도에서 문제를 바라보고 싶다.

2차 성징이란 여자아이 몸이 '여자다워'지고 남자아이 몸이 '남자다워'지는 시기에 일어나는 변화를 가리킨다. 그렇다면 2차 성징 이전은 어떤가? 남녀 생식기의 차이는 있지만 몸의 크기 등 몸이 주는 느낌에는 별 차이가 없다고 할 수 있다. 즉 그 정도의 차이는 무시할 수 있다. 통계를 보면 초등학교 6학년 정도까지는 여자아이와 남자아이의 평균 키가 크게 다르지 않다(평균 146센티미터). 남자아이에게도 딱히 근육이라고 할 만한 것이 붙지 않았고 여자아이의 몸도 가늘고 직선적이다.

실제로 이 시기의 남자아이에게 여자아이 옷을 입히면 귀여운 여자아이로 통하는 경우가 꽤 있다. 과거에는 남자아이에게 여성용 기모노를 입혀 기르는 풍습도 있었다. 남자아이는 아직 변성기를 지나지 않아 목소리에서도 별 차이를 느낄 수 없다. 물론 노는 방식과 행동의 차이는 있지만, 몸 자체만

남자도 모르는 남성에 대하여

봐서는 남녀가 확실히 구별되지 않는 것 같다. 이 시기에 남자아이와 여자아이는 서로의 몸의 차이를 충분히 의식은 하지만, 그 차이는 2차 성징 이후와는 비교할 수 없을 정도로 작다. 남자아이를 여장해 기르던 풍습과 치고*를 생각하면 이 시기 남자 몸은 성적으로 분화하지 않은 상태라고 할 수 있다. 남성과 여성 모두 아직 남자도 될 수 있고 여자도 될 수 있는 몸이라고 하겠다.

이런 중성의 몸이 성선자극호르몬에 의해 단숨에 '남성의 몸'과 '여성의 몸'으로 변하는 현상이 2차 성징이다. 어떤 꽃이 필지 전혀 알 수 없는 꽃봉오리 상태에서 여성의 몸과 남성의 몸이라는 꽃이 피어나는 것이다. 이러한 사춘기의 이미지는 많은 문학과 영화에서 웅변적으로 표현되어 왔다. 누구라도 납득할 수 있는 체험이다.

소녀는 여성의 몸이 될 것인가, 남성의 몸이 될 것인가 하는 사춘기의 갈림길에서 이제 여성의 몸 쪽으로 방향을 틀고자 하는 존재다. 그리고 롤리타콤플렉스 남자는 그러한 소녀의 모습에 동경을 품고 집착하고 있는 것이다. 그렇다면 여

---

* 전국시대에 무장들이 예쁘장하게 생긴 남자아이를 골라 시중을 들게 했던 풍습이다. 실제 동성애도 행해졌다고 한다.

성 쪽으로 방향을 잡는 '그 순간'에 왜 그렇게까지 집착하는 것일까?

잘못해서 '남성의 몸'이 되었다는 생각

내 경우를 예로 들면 내 의식 밑바닥에는 이런 생각이 깔려 있다.

나는 그 사춘기의 분기점에서 방향을 잘못 잡았다는 생각이다. 원래는 여성의 몸을 향해 꽃피어야 했는데 어떤 잘못으로 나는 남성의 몸으로 접어들고 말았다. 아니, 자신의 의지와는 관계없이 억지로 남성의 몸이 된 것은 아닌가 하는 생각이다. 이런 말은 성동일성장애가 있는 사람에게서 자주 듣는다. 그러나 나는 더 넓은 범위 안에 있는 남자들도 이러한 감정을 이해할 수 있으리라고 짐작하고 있다.

어째서 남성의 몸 쪽으로 잘못 오고 말았다는 생각을 하게 되었는지 묻는다면 나는 사춘기 이후 남성으로서 내 몸을 긍정할 수 없었기 때문이라고 하겠다. 어른 몸으로 변하면서 남성호르몬이 척척 만들어져 근육이 붙고 몸이 울퉁불퉁해지기 시작했으며, 털이 많이 나고, 정액에 더럽혀지고, 몸속에서 이상한 냄새가 올라왔다. 나는 사춘기에 내 몸이 그렇게 변하고 있음을 도저히 받아들일 수 없었다. 지금도 남성으로서 내 몸을 마음속 깊은 곳에서부터 긍정할 수가 없다. 이제 와서 그런 말을 한들 도무지 어떻게 할 수 없는 노릇이지만 나처럼 느끼고 있는 남자가 사실은 많지 않을까? 단지 입 밖으로 말하기 곤란해 지그시 참고 있는 것은 아닐까? 그리고 그 일을 생각하지 않으려고 억지로 노력하고 있는 것은 아닐까? 왜냐하면 이 사회는 남성이 자기 몸에 자신을 가질 수 없다는 것을 남자의 체면과 관련된 것으로 여기기 때문이다.

내 마음 깊은 곳에는 아직 남성호르몬도, 근육도, 체모도, 정액도 가득하지 않았던 그때, 소년의 몸으로 돌아가고 싶다는 생각이 있다. 돌아가서는 사춘기의 갈림길에서 여성의 몸으로 방향을 크게 틀어 보고 싶은 것이다. 그런 생각을 몇 번이나 의식의 밑바닥에서 되새김질한다. 그 갈림길에서 이제 막 여성의 몸 쪽으로 방향을 잡으려는 11세에서 12세 소녀의 몸으로 빨려 들어가는 것이다. 나는 '아아, 나도 저 소녀처럼 가능하다면 저쪽으로 방향을 잡고 싶었다'고 생각하고 그 소녀의 몸속으로 의식을 미끄러뜨려 소녀의 사춘기를 그녀 내부에서 몸소 겪으며 살아 보고 싶다고 생각하는 것이다. 롤리타콤플렉스의 심리는 이렇게 탄생한다. 3장의 끝에서 말한, 마음의 움직임이 여기서도 나타난다.

'나는 소녀이고, 소녀는 나다'

나는 소녀의 몸으로 태어나고 싶었다. 교복 페치와 롤리타콤플렉스는 이 어지러운 생각의 한 지점에서 깊게 통하고 있다. 나는 소녀이고, 소녀는 나다. 상식에서 벗어난 망상을 이렇듯 한순간 이루어 주는 것, 그것이 교복 페치와 롤리타콤플렉스인 것이다. 많은 남자가 이러한 마음속 비밀을 말한 적이 없다. 하지만 지금 내가 말하려는 걸 단박에 이해할 남자가 사실은 꽤 많으리라. 오쓰카 에이지大塚英志가 명저《소녀 민속학》에서 "내 안에도 그리고 독자인 당신들 안에도 '소녀'가 있다"[23]고 했는데, 지금 말하려는 것도 그 의미다.

롤리타콤플렉스 원인은 이렇듯 롤리타콤플렉스에 사로잡힌 남자가 자기 몸을 긍정하지 못하는 데 있다는 것이 나의 가설이다. 그들은 자기 몸에서 빠져나와 눈앞에 있는 소녀의 몸속으로 완전히 갈아타는 공상을 하는 것이다. 이른바 남성 '오타쿠' 중 많은 수가 롤리타콤플렉스라고 하는데 그들은 자기 겉모습에 몹시 무관심하고, 인터넷의 소녀 캐릭터에 자신을 동일화하는 경향이 있다는 점 또한 이 가설로 설명할 수 있을 것이다[소녀 캐릭터에 자신을 동일화하는 경향에 대해서는 아즈마 히로키東浩紀 엮음,《망상언론F개》(靑土社, 2003)를 참조하기 바란다]. 남성 오타쿠는 동일화를 통해 소녀의 모습이 곧 자기 겉모습이라고 착각하고 있기 때문에 자신의 실제 겉모습에 무신경한 것이다.

또 이렇게 생각할 수도 있을 것 같다. 롤리타콤플렉스에 사로잡힌 남자는 자신이 갈아타기에 알맞은 소녀의 몸을 찾아서 매일 잡지와 인터넷과 애니메이션을 뒤지고 있는 것은 아닐까? 시로 마사무네土郎正宗는 애니메이션 〈공각기동대〉에서 몸을 잃은 정신이 차례차례 새로운 몸으로 갈아타는 일이 가능한 세계를 그리고 있다. 작가는 이러한 대체용 몸에 '의체'라는 이름을 부여했는데 롤리타콤플렉스 남자에게 귀여운 소녀의 몸과 소녀 캐릭터는 바로 자신의 의체로 보일 것이다(그런 뜻에서 〈공각기동대〉의 마지막 장면은 롤리타콤플렉스에 사로잡힌 남자의 꿈을 영상화한 것이라고도 말할 수 있다).

이렇게 생각하면 '모에'의 새로운 의미가 명확해진다. 오타쿠들이 미소녀 캐릭터와 겉모습 등을 보고 '모에한다'고 말할 때 그것은 미소녀의 모습으로 갈아타고 싶다는 뜻이다. 미소녀의 몸을 입는 것, 이것이야말로 오타쿠 '모에'의 핵심이다. 여장이나 남장은 옷을 입는 것이지만 롤리타콤플렉스는 몸을 입는 것이다.

레이 와이어와 팀 테이트가 쓴《왜 소녀만을 노렸는가》(草思社, 1999[원저, 1995])가 있다. 이 책은 영국인 성범죄자 로버트 블랙에 대해 쓴 것이다. 블랙은 수백 명이나 되는 소녀를 성적으로 학대하고 그중 몇은 살해했다. 이 책에는 다음과 같은 흥미로운 내용이 있다.

이 절의 마지막 27번째와 28번째의 질문은 복장도착과 성도착의 경향이 있는가 아닌가를 묻는 것이었다. 블랙은 그것에 대해 천천히 고개를 끄덕였다. 복장도착에 대해서는 여아용 옷을 입었던 일이 있었다고 한다. 성전환을 소망했는가 하는 질문에 대해서는 간단하게 대답했다. "아아, 여자아이같이 옷을 입고 싶다고 늘 생각했지." (…) 어떤 의미에서 당연한 귀결이라고 말할 수 있겠지만 언젠가 '성인 남성이 되어야 하는 소년'이고 싶지 않다는 강렬한 소망이다. 여자아이로 태어나는 편이 훨씬 좋았다. 그러므로 남성의 성기 따위는 필요 없었다. 하물며 좋아했을 리가 없다.[24]

저자들은 롤리타콤플렉스 범죄자의 마음속에서 '성인 남자'가 되고 싶지 않았고, 여자아이로 태어나는 편이 훨씬 나았으리라는 감정을 발견했다. 이것은 나의 고찰과 일치한다. 다만 저자들은 이러한 감정이 왜 존재하는지에 대해서는 더는 깊은 설명을 하고 있지 않다. 나는 그들보다 더욱더 깊은 데까지 고찰하지 않으면 안 된다.

이상과 같은 나의 분석을 '남성'이 되는 일에 실패한 연약한 '모범생' 특유의 롤리타콤플렉스 취향으로 깎아내리려는 비평가도 나올 것이다. 하지만 블랙과 같은 흉악한 살인범 안에도 남자가 되고 싶지 않다는 감정과 소녀가 되어 보고 싶었다는 심리가 작용하고 있었다는 사실은 어떻게 설명하면 좋을까? 근육질이든 연약하든, 롤리타콤플렉스 남자의 마음속에는 서로 비슷한 구석이 있다는 생각을 하지 않을 수 없다.

자기 몸을 긍정하지 못하는 남자가 많다는 나의 가설을 전혀 납득할 수 없는 독자도 있을 것이다. 남자는 오히려 자신의 강건한 몸에 대해 지나친 자신을 갖고 있는 것은 아닌가, 그래서 여성을 경시하고 성범죄 따위를 저지르는 것이 아닌가 하는 의문이 드는 독자도 있을 것이다. 이 점에 대해서는 다음 장에서 나의 경우를 돌아보면서 더 자세하게 분석해 나가겠다.

소녀를 향한 욕망의 심층에서 소용돌이치는 것

롤리타콤플렉스란 중성의 몸에서 어른의 몸으로 방향을 틀기 시작한 소녀를 보며, 가능하다면 자신도 그쪽으로 나아가고 싶었다는 생각을 쌓아 가는 것이었다. 하지만 이것만으로는 왜 소녀와 성적인 관계를 맺고 싶어 하는지, 왜 소녀의 사진을 보고 성적으로 자극받는지를 설명할 수 없다. 왜냐하면 소녀에게 자신을 겹쳐 보는 것뿐이라면 그 소녀의 몸 안으로 들어가 있는 기분을 상상하는 것으로 충분하고 차라도 마시면서 혼자 그런 망상에 젖어 있으면 충분할 것이기 때문이다. 마치 고흐의 풍경화를 감상할 때처럼 자신이 남프랑스 전원에 앉아 있다고 상상하면서 평온한 기분을 맛보는 것으로 충분하다.

하지만 실제로 내가 느낀 롤리타콤플렉스의 기분은 그렇게 평온한 것이 아니었다. 항상 소녀와 벌이는 성행위가 암묵적으로 상정되어 있어 뒤통수가 켕겼다. 소녀에게도 성인 여성에게 성적으로 접근할 때와 비슷한 감정을 느끼므로 성교와 사정까지 망상하게 되는 것이다.

왜 그런지 그 수수께끼를 풀기 위해 이전에 짚어 보았던 내용을 떠올려 보자. 11세에서 12세 소녀는 2차 성징을 맞이하고, 그 연령은 평균 초경 연령과 거의 일치한다. 2차 성징에 대해서는 이미 충분히 검토했으니 여기서는 평균 초경 연령을 실마리로 생각을 이어 가 보자.

이 관점에서 본다면 롤리타콤플렉스 남자들은 초경이 시작될 무렵에 이상한 집착을 보이고 있는 셈이다. 무슨 의미일까? 초경은 한 소녀가 임신이 가능하게 되었음을 뜻한다. 남자의 정액을 받아들여 난자와 결합시켜서 임신할 수 있는 몸이 된다는 뜻이다. 롤리타콤플렉스 남자들은 거기에 집착한다.

이제 나는 롤리타콤플렉스 욕망의 가장 깊은 부분에 들어가려고 한다. 이제부터 하는 이야기는 어디까지나 롤리타콤플렉스를 해명하기 위한 하나의 가설로 읽어 주기 바란다.

내 생각은 이렇다. 롤리타콤플렉스 남자의 마음속 가장 깊은 곳에는 이제 배란이 가능하게 된 소녀의 몸속에 누구보다도 빨리 정액을 흘려 넣어 임신시키고자 하는 욕망이 숨겨져 있는 것은 아닐까? 만약 그렇다면 그렇게 해서 도대체 누구의 아이가 태어나는 것일까.

다시 한번 생각해 보자. 나는 눈앞에 있는 소녀에게서 무엇을 보고 있는 것인가. 그 답은 이미 명백하다. 나는 눈앞의 소녀의 몸에서 다름 아닌 자신의 모습을 보고 있다. 만약 내 몸이 착오를 일으켜 사춘기의 갈림길에서 지금과는 다른 쪽으로 방향을 틀었다면 나는 귀여운 소녀가 되었을지 모른다. 그런 '또 하나의 나'를 바로 지금 눈앞에서 보고 있는 것이다.

그렇다면 눈앞에 있는 소녀에게 아이를 낳게 하고 싶다는 욕망은 소녀의 모습을 한 '또 하나의 나'에게, 바로 이 '나'에게 아이를 낳게 하고 싶다는 욕망이다. 나의 정자와 또 하나의 나의 난자가 결합해서 태어나는 아이. 그것은 다시 태어난 나 자신일 것이다. 나 외의 누구도 개입시키지 않고 태어난 나 자신이다.

이것이야말로 내가 소녀와 섹스하고 싶다, 소녀에게 사정하고 싶다는 생각을 하고 있을 때 그 의식의 심층에 작용하는 드라마다. 그리고 그 섹스는 여자아이가 사춘기의 갈림길에서 저쪽으로 꺾은 바로 그 순간에 하지 않으면 안 된다. 그것이 '남성의 몸'이라는 잘못된 방향을 바로잡아 자기를 긍정할 계기를 찾을 수 있는 유일한 방법이기 때문이다. 즉 나는 소녀의 모습을 한 '또 하나의 나'와 섹스해서 나 자신을 또 한번 누구도 개입시키지 않고 다시 낳고 싶었던 것이다.

왜 내 존재를 다시 낳고 싶은가

그렇다면 자신을 다시 낳을 경우 도대체 어떠한 자기 긍정이 이룩된다는 말인가? 나의 생각은 이렇다. 내 정자와 난자를 써서, 내 배에서, 새로운 내가 태어나는 것이니까 다시 탄생한 새로운 나는 '어머니'에게서 완전히 분리된다. 내가 나를 낳는 것이므로 거기에 어머니는 결코 관여하지 않는다. 내가 나를 다시 낳음으로써 나의 존재를 어머니와는 무관한 형태로 긍정하는 것, 그렇게 해서 어머니에게서 완전히 분리되는 것, 이것이 롤리타콤플렉스가 품고 있는 드라마다.

어머니에게서 심리적으로 분리되지 못한 남자가 롤리타콤플렉스를 갖게 된다고들 한다(예컨대 롤리타콤플렉스 남자는 아내에게서 모성을 찾다가 거부당해 딸에게서 찾으려 한다는 설명도 있다).[25] 하지만 사실은 완전히 반대가 아닐까. 어머니와 결별하는 것을, 앞에서 말한 것 같은 에둘러 가는 방법으로 해내겠다고 시도하는 것이야말로 롤리타콤플렉스가 아닐까. 그렇게 생각하면 짚이는 일이 있다.

내가 롤리타콤플렉스를 이해하게 된 것은 스무 살 때다. 그 무렵에 이른바 롤리타콤플렉스 잡지와 만화라 불리는 것들이 서점에 나돌기 시작했다. 이전까지는 그런 것들을 무시하고 있었는데 갑자기 신경이 쓰이기 시작했다. 내 경우 단숨에 자아에 눈을 뜬 시기가 바로 스무 살 때였다. 시골에서 도쿄로 와서 혼자 자취를 시작하면서였다. 나는 태어나 처음으로 나의 다리로 서고자 했다. 그리고 어머니와 싸우기 시작했다. 구체적으로 쓸 수는 없지만 그 과정을 통해 어머니를 떼어 낸 그때, 마치 어머니와 교대라도 하려는 듯이 내 안에 롤리타콤플렉스 기분이 느닷없이 나타났다. 즉 실제 어머니와 벌인 싸움은 끝났지만 모성과의 싸움은 롤리타콤플렉스의 형태를 취하여 그 뒤로도 내 안에서 계속되었다.

만약 독자가 롤리타콤플렉스에 사로잡힌 남자의 기분을 정말로 이해하고 싶다면 이러한 마음의 움직임을 이해하려고 시도하지 않으면 안 된다. 단순히 성인 여성을 상대하지 못하는 유치한 남자가 귀여운 소녀를 성폭행하는 것으로 취급하면 부족하다는 것이다. 예를 들어 하야미즈 유키코의 《연애할 수 없는 남자들》은 롤리타콤플렉스 남자에 접근한 흥미로운 연구서지만, 모성 콤플렉스에서 벗어나지 못한 유치한 남자가 저항하지 못하는 소녀를 희롱한다는 기존의 사고방식에서 벗어나지 못한 것 같다.

물론 여기서 말한 '나를 다시 낳기'로 모든 것을 설명할 수 없다는 것은 두말할 나위도 없다. 하지만 이 가설이 롤리타

남자도 모르는 남성에 대하여

콤플렉스에 사로잡힌 마음을 해명하기 위한 하나의 실마리가 될 것임에는 틀림없다.

나와 같은 유형의 롤리타콤플렉스에 사로잡힌 남자의 최종 지향점은 성인 여성이 되는 순간을 맞이한 귀여운 소녀의 몸으로 갈아타는 것이다. 그 소녀의 몸 안에서 살면서 몸 안을 마음껏 맛보고, 그 몸에 여러 옷을 입혀 사람들과 관계를 맺고, 사람들에게서 다정하고 귀한 대접을 받으며 자기 몸을 진정으로 사랑하는 일이다. 그리고 소녀의 몸 안에서 자궁에 사정하고 임신해 자신을 출산하는 일이다. 그렇게 해서 나는 마침내 어머니의 영향권에서 빠져나갈 수 있다. 나는 나로부터 태어난 존재이니 더는 누구에게도 예속되는 일 없이 완전한 자유를 손에 넣는다. 소녀의 몸이라는 육체적인 이상을 획득하여 자기 몸을 긍정하고 정신적으로 자립하는 내면의 자유까지도 획득한다. 이렇게 해서 세계는 나를 축복하고 나도 스스로를 축복하여 세계가 충만해질 것이다.

그렇지만 이러한 관념적인 허구에 매달려 자기 긍정이 달성될 만큼 인생이 만만치는 않다. 롤리타콤플렉스가 가져오는 것은 복잡한 자기 긍정의 드라마를 몇 번이나 반복, 재현하는 무한순환과 같은 자폐 세계다. 임신시키는 존재도 나, 임신하는 존재도 나, 태어나는 존재도 나. 제멋대로이고 출구가 없는 극단적인 자기 독백의 미궁. 실제 소녀는 욕망을 당기는 도화선이지만 의체로 사용될 뿐, 필요가 없어지면 버려진다. 또는 노리개가 되고, 학대받고, 상품화되어 커다란 정신적 상처를 떠안게 된다. 그것이 롤리타콤플렉스가 다다른 막다른 골목이다. 사실 거기에는 어떤 탈출구도 없다.

남자도 모르는 남성에 대하여

05
—
'느끼지 못하는 남자'에서
탈출하기

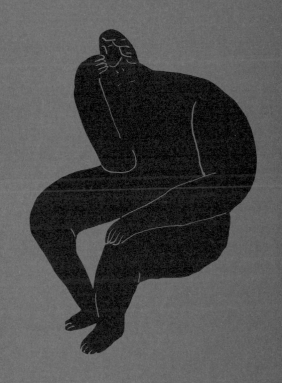

'사정'체험과 자기 부정

이제까지 살펴본 대로 내 안에는 두 가지 근본 문제가 있었다. '불감증'이고, '자기 몸을 긍정하지 못한다'는 두 가지 사실이다. 이런 문제 위에 미니스커트 취향, 교복 페치, 롤리타콤플렉스 따위가 열매를 맺지 못하는 꽃이 되어 흐드러지게 피어났다.

"남자 몸은 더럽잖아요!"

여기에 생각이 미치면 늘 떠오르는 일이 있다. 어떤 모임에서 있었던 일이다. 스무 명쯤 되는 남자와 몇몇 여자가 성매매에 관해 이야기하고 있었다. 차분한 분위기에서 서로 자기 체험을 솔직하게 털어놓았다. 그때 한 중년 남자가 자신은 지금도 성매매를 하고 있다고 고백했다. 순간 분위기가 싸늘해졌지만 아무도 그 남성을 책망하지는 않았다. 오히려 성매매를 할 때의 기분으로 화제를 옮겼다. 이어 화제는 포르노 비디오가 되었다. 비디오에 나오는 여성의 나체가 자극적이라는 말이 나오자 그 자리에 있던 한 여자가 "그럼 비디오에 비친 남성의 알몸은 어떤가요?" 하고 모두에게 물었다. 그 순간 성매매를 한다던 남자가 "하지만 남자 몸은 더럽지 않습니까?!"라며 잘라 말했다.

그 말을 듣는 순간 나는 무엇인가를 깨달은 것 같았다. 성매매, 포르노 그것들의 밑바닥에 '남성의 몸은 더럽다'는 강렬한 의식이 있으리라는 생각이 들었다. 이런 느낌은 그 남자뿐만 아니라 더 많은 보통 남자들에게도 있을 것이다.

나를 돌아보면 확실히 내 안에도 '남자의 몸은 더럽다'는 의식이 숨겨져 있음을 충분히 알 수 있다. 정확하게 말하면 남성 일반의 몸이 더럽다는 것이 아니라 남자인 '자기 몸'이 더럽다는 것이다. 이 경우에는 그 의식이 '자기 몸을 빠져나와 소녀의 몸 안으로 미끄러져 들어가고 싶다'는 식으로 변하여 교복 페치와 롤리타콤플렉스로 향했던 것 같다. 아까 말한 남자는 그런 의식이 성매매와 포르노로 향했을 것이다. 그가 남자 몸은 더럽지 않느냐고 했을 때, 나는 '정말 그렇다'고 느꼈다. 체모가 빽빽하고, 피부 빛은 나쁘고, 뼈는 울퉁불

남자도 모르는 남성에 대하여

통하고, 근육은 거추장스럽다. 정액이 묻어 더러워지는 성기와 그 둘레의 털. 나는 내 몸이 정말 더럽다고 느낀다.

'내 몸은 더럽다'는 느낌의 유래

내 마음속 움직임을 더 신중하게 분석해 보면 다음과 같은 사실을 알 수 있다.

나는 내 몸 중 특히 어떤 부분을 가장 더럽다고 느끼는가? 바로 성기 둘레다. 더 정확하게 말하면 정액을 내뿜은 성기 주변이다. 왜냐하면 섹스를 하든 자위를 하든 사정한 다음에는 반드시 성기에 정액이 묻기 때문이다. 그러면 정액을 닦아 내지 않으면 안 된다. 그 순간에 내 몸이 더럽다고 가장 많이 느낀다.

성기에 묻은 정액을 닦는 행위는 난생처음 몽정을 했던 중학생 시절로 나를 데려가 버린다. 막 중학생이 되었을 때 나는 최초의 몽정을 겪었다. 아침에 일어났을 때 가랑이에 묘한 느낌이 들어 보니 하얗고 끈적거리는 무엇인가가 묻어 있었다. 어쩔 줄을 모르고 휴지로 닦아 냈지만 더러워진 속옷은 어떻게 할 수가 없었다. 자위에 눈을 뜨고 나서도 몽정은 반복되었다. 꿈속에서 사정하는 순간 나는 꼭 눈을 뜬다. '또 이렇게 속옷을 버렸다'는 생각이 드는 것이다. 사정을 하고 졸린 눈을 비비면서 휴지로 가랑이를 닦고, 더러워진 속옷을 세면대로 빨러 가는 일은 괴로운 경험이었다. 정액에 물든 속옷은 아무리 빨아도 누런 자국이 빠지지 않는다. 몽정을 하지 않기 위해 꼼꼼하게 자위를 한 뒤 잠들어도 몽정을 한 적이 있다.

몽정 체험이 '내 몸은 더럽다'는 생각을 갖게 만들었다. 분명 어머니는 눈치 챘을 테지만 아무 말도 하지 않았다. 당시나는 성에 눈뜬 나 자신과 홀로 대면해야 했다. 학교 친구들도 몽정에 대해 수군거리기는 했지만 진지한 대화는 전혀 없었다. 어느 날 교실 베란다에 나가서 '더는 남자가 아니었으면' 하면서 교정을 바라보고 있는데 친구가 "너 무슨 고민 있니?" 하고 말을 붙여왔던 일이 지금도 또렷하다.

남성 2차 성징의 핵심은 정액이 나오는 것이다. 나는 완전히 고립된 채 그 체험을 했다. 의논할 사람이 아무도 없었다. 의논할 기분도 나지 않았다. 그저 혼자 이 체험을 껴안아 버린 것이다. 몽정을 하지 않으면 안 되는 몸으로 태어났다는 사실을, 점점 남성의 몸으로 변하는 자신을, 나는 도저히 긍정할 수 없었다.

남자도 모르는 남성에 대하여

이제야 드는 생각이지만 남자아이에게 최초의 몽정 체험은 지극히 중요하다. 남자아이를 위한 성교육은 난생처음 겪는 사정을 어떻게 긍정적으로 맞이할 것인가 하는 데서 출발하지 않으면 안 된다(다른 남자들의 말을 들어 보면 자위로 첫 사정을 경험하는 경우도 있는 듯하다).

여자아이는 어떨까. 첫 생리를 맞이하면 어머니가 팥밥을 지어서 축하해 준다.* 이 풍습은 오늘날까지 이어지고 있다. 여자아이의 첫 생리는 어쨌든 주위로부터 인정받고 축복받는 것이다. 여자아이는 그렇게 출발할 수 있다. 반면 남자아이의 몽정은 그 자체가 무시된다. 모두가 어렴풋이 느끼고 있으면서도 아무도 그것을 입 밖으로 내지 않는다. 남자아이의 몽정 체험은 주위로부터 무시받는다. 그러므로 혼자 껴안을 수밖에 없다. 그 결과 자기 몸을 부정하는 인식이 생길 위험이 있는 것이다. 어떤 모임에서 이런 이야기를 하자 한 여성이 이렇게 꼬집었다. 첫 생리에 대한 축하는 어디까지나 모성과 출산을 축복하는 것에 지나지 않는다고. 동감이다. 그렇다고는 하지만 남자아이의 경우는 그런 의미의 축복조

---

* 일본에는 여자아이가 첫 생리를 맞이하면 축하하는 뜻으로 팥밥을 지어 식구들끼리 나눠 먹는 풍습이 있다.

차 받지 못한다. 그것은 그것대로 비참한 노릇이다.

'나'의 자위 체험

성행위를 상상하거나 성적인 만화를 떠올리면서 자위를
했지만 사정한 뒤에는 순식간에 흥분이 식어 후회만 부글부
글 끓어올랐다. 후회할 짓은 하지 않으면 된다. 그러나 중·고
등학교 시절에는 그렇게 자를 수 없을 정도로 성욕이 끓어오
른다. 몸 안쪽에서부터 무엇인가 용암 같은 것이 끓어오르는
것 같아 어떻게 할 수가 없었다. 자위를 하지 않고 자면 몽정
을 해 버린다. 몽정이 싫으니까 자기 전에 자위를 하는 악순
환에 빠진다. 그리고 자위를 하고 난 다음의 어두운 기분을
끌고 가고 싶지 않으니까 끝나면 냉큼 잔다. '꽉 찬 것을 냉큼
빼내고 끝이다' 하는 '느끼지 못하는 남자'의 섹슈얼리티는
이렇게 해서 내 안에서 만들어져 갔다.

중·고등학교 시절 자위를 통해 나는 내가 느끼지 못하는
남자라는 사실을 깨닫게 되었다. 그때 읽기 시작한 포르노
속에서 성인 여성은 언제나 쾌감에 몸부림을 치며 황홀경에
빠져 있었다. 그에 견주어 나 자신의 사정은 얼마나 시시했

던가. 자위를 할 때마다 그 차이를 인식하지 않을 수 없었다.

나는 이 상태에서 벗어나기 위해 자위를 그만둔 일이 있다. 대학에 막 들어갔을 무렵 이제 그만두자며 결심하고 참았다. 하지만 며칠 뒤 역시 몽정을 했다. 그래도 참았다. 또 몽정을 했다. 그렇게 한 달쯤 노력했지만 더는 참을 수가 없었다. 몸속에서 무언가 이상한 냄새가 올라오고 사정하고 싶다는 충동을 억누르기가 불가능했다. 그때 찾아온, 육체의 안쪽에서부터 용암이 흘러넘치는 것 같은 느낌. 이것은 인간의 행동과 느낌은 사회에 의해 만들어진다는 사고방식인 사회적 구축론*으로는 절대로 설명할 수 없는 무엇이라고 나는 확신한다.

몇 번이나 '차라리 이런 성욕이 없어지는 약이 있으면 좋을 텐데' 하고 생각했다. 그리고 가능하다면 몽정과 자위가 시작된 중학교 때로 돌아가서 남성과 여성이 갈리는 그 분기점에 다시 서고 싶었다. 여기서 교복 페치와 롤리타콤플렉스가 싹트기 시작한 것 같다. 나는 그 시점으로 돌아가 다시 한번 새롭게 살지 않는 한 자기 몸과 섹슈얼리티를 긍정할 수

---

*인간의 행동과 사고방식은 자연적으로 결정되는 것이 아니라 사회의 영향을 받아 후천적으로 만들어진다는 이론.

없다고 느꼈던 것이다.

다시 정리하면 몽정 때 나오는 정액의 더러움이 '내 몸은 더럽다'는 의식을 만들어 냈고 사정 뒤 찾아오는 어둡고 공허한 느낌이 '나는 느끼지 못하는 남자'라는 의식을 만들어 냈다. 이 두 가지 때문에 나는 나를 긍정할 수 없게 된 것이다.

남자에게 근원적인, '사정'이라는 사건

독자 중에는 겨우 속옷에 묻은 정액의 더러움이나 사정한 뒤의 공허감만으로 자기 몸 전체와 섹슈얼리티를 긍정할 수 없게 되겠는가 하고 고개를 갸우뚱할 분도 있을 것이다. 그러나 나는 '사정'이라는 사건은 남자가 성을 느끼는 방식과 성을 사고하는 방식을 결정할 정도로 큰 힘이 있다고 생각한다. 발기한 성기는 '팔루스phallus'라고 하여 남성을 상징한다고 여겨져 왔다. 하지만 나는 발기보다 사정 쪽이 남성에게 더 근원적이라고 생각한다. 발기가 아니라 사정을 중심에 두고 생각할 때 더 선명해지는 심리학의 쟁점도 많이 있을 것이다.

돌이켜 보면 나는 초등학교 고학년 때부터 발기했다. 친구들과 그것이 단단해진다든지 커진다든지 하는 이야기를 천진난만하게 나누었던 기억이 있다. 하지만 그때에는 2차 성징이 시작되지 않아 중성인 예전 모습이 남아 있었다. 중학교에 들어간 후 사정을 시작하면서 내 몸은 급격하게 '남성'을 향해 방향을 틀었다. 온몸에 강하게 돌기 시작한 남성호르몬 덕분에 체모가 나고 목소리가 변했다. 중성에서 남성의 몸으로 크게 변하기 시작한 그때 변화를 상징하는 것은 발기가 아니라 사정이었다.

나는 사정이야말로 사춘기 남성에게 내가 남자라는 사실을 자각시키는 상징이라고 생각한다. 사정을 나는 긍정적으로 받아들 수 없었다. 거기서 발목이 잡혀 남성으로 변해 가는 내 몸 전체를 사랑할 수 없게 된 것이다.

내가 느끼지 못하는 남자가
되기까지

내 몸을 사랑하지 못한다는 걸 깨달은 후 나는 어떻게 했는가. 마음속 공허를 채우기 위해 '남자다움'에 손을 뻗었다. 어차피 여성은 될 수 없으니 남성이라는 사실을 긍정하기 위해 몸을 좀 더 '남자다운' 것으로 만들어야 한다고 생각했다. 몸만이 아니라 정신도 행동도 '남자답게' 해야 한다. 그것에 성공하면 나는 내 몸과 섹슈얼리티를 틀림없이 긍정할 수 있게 되리라 생각했다. 물에 빠진 사람이 지푸라기라도 잡는 심정이었을 것이다.

마초의 탄생

나는 몸과 정신에 두껍게 화장을 하기 시작했다. 싫은 부분은 덧칠해 감추려고 했다. 그렇게 해서 실제로는 자기 몸

남자도 모르는 남성에 대하여

을 사랑하지 않지만 마치 자기 몸과 섹슈얼리티에 자신만만한 듯 행세하는 남자가 만들어져 갔다. 마초(강인한 힘을 행사할 수 있는 남성)의 탄생이었다.

내가 남자다움에 손을 내밀었던 경위는 상당히 특수한 예일지 모른다. 지금부터 써 내려가는 내용이 아마도 많은 남성 독자에게는 해당되지 않을 것이다. 그러나 내게는 중요한 문제이므로 한번 써 보고자 한다. 독자들은 나의 경우를 보면서 자신은 어땠는지, 어떻게 해서 남자다움과 자신감을 익히게 되었는지 생각해 주었으면 한다. 내재적인 섹슈얼리티에 대한 연구는 먼저 개개인이 자신을 파고들어 가는 데서 시작할 수밖에 없다. 모두에게 해당되는 해답을 한번에 구할 수는 없는 일이다.

게이 그리고 연상의 여인들

대학에 들어가면서 나는 몽정과 자위에서 벗어나려 했다. 여자아이를 찾아서 미팅을 하거나 거리를 헤매거나 했다. 그런데 전혀 예상치 않았던 사건이 차례차례 일어났다. 또래 여자아이와 사귀고 싶었는데 여자들은 내게 전혀 흥미를 보

이지 않았다. 그 대신 내게 성적인 흥미를 표현해 왔던 사람
은 게이와 연상의 여인들이었다. 나는 당황했다.

그중에서도 게이 남성이 내게 처음 접근했을 때 강렬한
충격을 받았다. 어느 날 수업을 빼먹고 시부야의 영화관에
들어갔다. 영화가 시작되자마자 곧 내 옆에 남자가 앉았다.
좌석이 잔뜩 비어 있어 이상하다고 생각했다. 그런데 그 남
자가 자신의 다리로 조금씩 나의 하반신을 누르는 게 아닌
가. 나는 무슨 일이 일어나고 있는지 잘 이해하지 못한 채 멍
청하게 있었다. 그러자 남자는 내 다리를 더 벌리려 했다. 나
는 당황해서 벌떡 일어나 2층석으로 피했다. 태어나서 처음
겪은 일이었다. 최초의 성적인 접촉 대상이 치한이었으니 상
당히 충격적이었다. 덧붙여서 말하면 이때 보고 있던 영화는
〈내일을 향해 쏴라〉였다. 이 일 덕분에 나는 전차에서 치한
을 만난 여성의 불안감과 상처를 아주 조금이나마 이해할 수
있다. 나는 이런 일이 있고서 한동안 전차에서 옆에 남자가
앉으면 바로 좌석에서 일어나 버렸다. 그 사람이 견딜 수 없
는 불안을 불러일으켰기 때문이다.

그러나 이 경험은 이후에 게이 남성들에게서 받을 유혹의
전조에 지나지 않았다. 술집에서 알지 못하는 손님에게서 갑
자기 호텔에 가자는 유혹을 받은 적도 있고, 대학에서도 남

학생에게서 갑자기 긴 연애편지를 건네받았다. 거기에는 그의 뜨거운 마음이 꼼꼼한 글씨로 줄줄이 엮여 있었다.

그중 강렬했던 것은 동경 교외에서 열린 연구회에 갔을 때다. 나는 사철*역에서 버스를 타고 목적지로 향했다. 승객이 점점 줄어들더니 마지막에는 나와 남자 손님만 남았다. 종점 바로 전 역에서 나는 버스에서 내렸다. 거기서부터 큰 강 옆으로 쌓은 제방을 10분쯤 걸으면 목적지에 도착한다. 나는 전망이 좋은 제방을 걷고 있었다. 주위에는 아무도 없었다. 청명한 오후였다. 그때 뒤에서 재빠른 걸음 소리가 들려왔다. 발소리가 점점 가까워져 내 바로 뒤까지 이르렀다. 나는 돌아보았다. 버스에서 끝까지 함께 타고 있던 남자가 거기 서 있었다. 그는 다가오더니 귓가에 속삭였다. "함께 차라도 마시지 않으시겠어요?" 제방에는 우리 둘뿐. 등골이 서늘해졌다. "아니오, 괜찮습니다." 그러자 남자는 갑자기 걸음을 멈추었고 정신을 차리고 보니 어디론가 사라진 뒤였다. 나는 뒤도 돌아보지 않고 제방을 성큼성큼 걸었다. 심장 소리가 크게 울렸다. 무서웠다. 누군가가 나를 노리고 있는 상

---

*일본 철도는 과거에는 국영이었으나 지금은 공사가 된 JR 이외에 다양한 사영철도가 있다. 사영철도를 줄여 사철이라고 한다.

황이 두려웠다.

물론 지나고 보니 그에게 미안한 기분도 든다. 그쪽도 말을 거느라 얼마나 용기가 필요했을까. 그러나 어딘지도 모르는 곳에서 누군가가 자신을 노리고 있다, 그것도 성적으로 노리고 있다는 데서 온 두려움이 미안함보다 더 컸다.

다시 말하지만 나는 게이 남성에게 나쁜 감정은 없다. 나는 많은 게이 남성을 접해 보았고 그들이 어디에나 있는 보통 남성이라는 사실을 잘 알고 있기 때문이다. 그들은 우리 주변에 있는 보통 아저씨이고, 형이다. 그래서 나는 방송 등에서 자주 나오는 게이 차별과 게이에 대한 편견이 소름이 끼칠 만큼 싫다(물론 게이든 아니든 치한은 용서할 수 없다).

남자는 '사냥꾼'이어야 한다는 굳은 믿음

이야기를 돌리면 이런 체험들을 통해 나는 자신이 '누군가가 노리는 몸'이라는 사실을 깨달았다. 당시에는 견디기 힘든 일이었다. '여자를 노리는' 남자여야 하는데 현실에서는 그 반대로 게이가 나를 노렸기 때문이다. 이따금 여성이 말을 걸어오기도 했지만 대개 나이가 꽤 든 사모님이었다.

　　　　　　　　　　남자도 모르는 남성에 대하여

내가 먼저 다가갔을 때 젊은 여자는 거의 아무 반응도 보이지 않았다.

내 몸을 누군가가 노리고 있다는 사실이 나에게는 짐이었다. 나는 '누군가가 노리는 몸'에서 '노리는 몸'으로 변하지 않으면 안 된다고 생각했다. 남자는 '사냥꾼'이어야 한다는 흔한 이미지를 나는 그대로 믿어 버렸던 것이다. 그 때문에 남자답게 변해야 했다. 그때까지는 근육이 전혀 없는 콩나물 같은 몸이었지만 자기 전에 간단한 근력 트레이닝을 하여 조금이라도 근육을 붙였다. 그 덕분에 평영을 할 수 있게 되었다.

대인관계에서는 대체로 수동적이었지만 여자에게는 달랐다. 여자를 리드해야 한다고 생각해서 어떤 일을 제안하고 처리하는 것도 늘 내 편에서 먼저 하려고 신경을 썼다. 데이트를 할 때에는 맛있는 음식점의 위치를 지도를 펴서 익혀 두고, 섹스할 때 여자가 쾌감을 느끼게 하려면 어떻게 해야 좋은지를 책을 보면서 연구했다. 나는 이렇듯 '노리는 몸'인 마초가 되기 위해 힘차게 돌진해 갔던 것이다.

우유부단하지 않은, 매사에 강단 있는 남자가 되고 싶다. 유혹을 기다리는 것이 아니라 내 편에서 척척 여자를 유혹할 수 있는 남자가 되고 싶다. 밥값을 따로 내기보다는 깔끔하게 내가 다 낼 수 있을 정도의 여유를 몸에 지니지 않으면 안 된다. 어떤 일에도 두려움이 없어야 하며, 언제나 꿋꿋하고 듬직하고 침착하지 않으면 안 된다. 그렇지 않으면 여자는 내게 기대지 않는다. 그리고 그녀를 손에 넣어 결혼하면 가정을 지키는 집안의 기둥이 되어야 한다.

남녀관계에서 나는 언제나 내가 모든 일을 처리하려고 애썼다. 내 힘으로 여자를 기쁘고 행복하게 하려고 했다. 그것이야말로 남자다움이라고 생각했기 때문이다. 그리고 내 몸이 더럽지 않다는 것을 스스로에게 납득시키기 위해 외모에도 신경을 썼다.

이렇게 해서 속으로는 '불감증'과 '자기 부정'을 품고 있으면서도 겉으로는 자기 몸과 섹슈얼리티에 자신만만한 체하는 남자가 만들어졌다. 나는 너무 일찍 20대에 '느끼지 못하는 남자'를 완성했다(그 뒤 나는 복잡한 과정을 겪으며 무너져 내렸는데 그것에 대해 알고 싶은 분은 《무통문명》을 참고하기 바란다).

남자도 모르는 남성에 대하여

느끼지 못하는 남자란 어떤 남자인가

지금까지는 '남성 불감증'과 '느끼지 못하는 남자'를 비슷한 의미로 써 왔다. 그렇지만 여기서 이 두 가지를 확실히 구별하려 한다. 느끼지 못하는 남자란 '남성 불감증'과 '자기 부정'을 가능한 한 외면하려 들고 그런 것은 존재하지 않는다는 듯이 행동하는 남자를 가리킨다. 다시 간단히 정리해 보자.

느끼지 못하는 남자는 불감증을 안고 있다. 불감증을 그대로 솔직하게 받아들이면 좋을 텐데 그렇게 하지 못한다. 그 사실을 외면하고는 어딘가에 더 굉장한 쾌감이 있다고 생각한다. 느끼지 못하는 남자는 자기 몸을 더럽다고 생각한다. 그러므로 자기 몸을 사랑할 수 없다. 때로 자기 몸에서 빠져나와 버리고 싶다는 생각도 한다. 남자다움을 손에 넣으면 자신을 사랑할 수 있을지 모른다고 생각하기도 한다.

이러한 섹슈얼리티는 남녀관계에 짙은 그림자를 드리운다. 일단 쾌감에서 남성은 여성을 이길 수 없다는 사실을 알고 있으므로 여성의 쾌감을 지배하거나 조종함으로써 여성보다 우위에 서려고 한다. 여성의 쾌감을 지배할 때의 우월감으로 자신의 불감증을 상쇄하려는 것이다. 그것은 불가사의하게도 일종의 치유로 작용한다. 그런데 지배에 실패했을 때에는 반대로 느끼는 여성에게 복수하여 벌을 주겠다는 생각을 하기 시작한다. 성폭행하고 싶다는 충동이 튀어나오는 것이 이때다. 더 나아가 자기의 더러운 몸, 느끼지 못하는 몸에서 빠져나가고 싶다는 생각이 강해지면 제복 페치와 롤리타콤플렉스가 출현한다. 이에 대해서는 앞에서 자세히 다루었다. 그 결과 멋대로 상상한 이미지와 자기중심적인 욕구를 여성에게 강요함으로써 여성을 제멋대로 삼켜 버리려는 남성이 완성되는 것이다.

그 남성의 내면은 불안과 자기 부정으로 가득 차 있는데도 겉보기에는 자신감 넘치고 친여성적인 듯하다. 얼굴에는 '나도 상처를 입었다'는 듯한 표정이 떠오른다. 그리고 무슨 문제가 있으면 여성과 정면으로 마주하려 들지 않는다. 오히려 일방적으로 그 여성을 떼어 내려고 한다. 그 남자는 자신이 집착하고 있는 상상 속의 여성 이미지가 실제 여성보다 더 중요하다. 상상 속의 이미지는 독립적인 의지도 감정도 없으므로 다루기 편하기 때문이다.

그렇다면 느끼지 못하는 남자의 문제는 무엇인가?

첫째, 조금이라도 난폭해지면 성폭행이나 소녀에게 성범죄를 저지를 위험이 있다. 이 점을 깊게 인식하지 않으면 안 된다. 둘째, 자신을 긍정 못해 자신의 인생을 사랑하지 못한

남자도 모르는 남성에 대하여

채로 삶을 보내게 된다는 점이다. 많은 사람이 이 문제를 크게 생각하지 않는 분위기지만 그 빚은 언젠가 분명히 돌아올 것이다. 셋째, 사귀고 있는 여성과 삐뚤어진 남녀관계를 만들 위험이 있다. 마음속 깊이 서로를 벅차다고 생각하면서도 질질 끌어 나가게 된다.

거칠게나마 문제를 위와 같이 요약할 수 있을 것이다. 앞서도 말했지만 느끼지 못하는 남자가 얼마나 많은지는 알 수 없다. 평소의 관찰에 따르면 이 책에서 다룬 증상을 한 가지 이상 지닌 남자가 꽤 있으리라 생각한다. 물론 느끼지 못하는 남자로 굳어 버린 사람도 있을 것이고 아직 그 문 앞에 머물고 있는 남자도 있을 것이다. 자신은 분명히 느끼지 못하는 남자이지만 교복 페치와 롤리타콤플렉스는 아니라고 할 남자도 있을 테고 그 반대 경우도 있을 것이다. 나는 어쩌다 그것들이 겹쳐 있었지만 일반적인 경우는 아니라고 생각한다. 그러므로 교복 페치와 롤리타콤플렉스에 사로잡힌 남성 전체를 '불감증에다가 더러운 몸에서 탈출하려는 소망을 가진 사람들'이라는 가설로 설명할 수는 없다. 이것은 앞으로 남은 연구 과제다.

먼저 남성 불감증을 인정하자

그러면 느끼지 못하는 남자에서 벗어나려면 어떻게 해야 할까. 나와 증상이 비슷한 남자들을 염두에 두고 생각해 보고자 한다.

먼저 자기 몸이 불감증이라는 사실을 깨끗하게 인정해야 한다. 배뇨 같은 사정과 뒤이은 공허감을 더는 어떻게 할 수 없다고 체념하는 것이다. 불감증을 받아들이는 것은 생물학적으로 남성의 몸으로 태어났다는 사실을 받아들이는 것이기도 하다. 그 사실을 직시하고 '불감증이지만 그래도 전혀 문제는 없다'고 선언하는 방법이 있다. 틀림없이 불감증이지만 치료는 필요 없다고 생각하는 것이다.

대단한 쾌감을 느끼지 못한다는 사실을 그대로 솔직하게 받아들이지 못해 그것이 묘하게 삐뚤어져서 느끼고 있는 여자를 벌주겠다든가, 자신을 고통스럽게 하고 싶다든가, 소녀 몸으로 갈아타고 싶다는 따위의 욕망이 생긴다. 여성 차별의 원인 가운데 하나도 실은 이런 것이다. 그러므로 그렇게 되지 않기 위해서라도 자신의 불감증을 스스로 솔직히 인정해야 한다. 그러면 불감증에 대해 부담을 느끼지 않는 태도를 갖추어 갈 방법이 틀림없이 있을 것이다.

다만 가슴을 펴고 불감증이라고 말할 수 있으려면 사정에 상처 입었던 스스로의 성 체험을 다른 방법으로 치유할 필요가 있다. 나만이 사정한 다음에 비참한 기분, 공허감, 하지 않는 편이 좋았을걸 하는 죄책감, 맥이 빠지는 듯한 불안감 등을 느끼는 것이 아니라는 사실을 정직하게 서로 이야기하고 공유하는 장이 필요할지 모른다. 남성의 몸은 태어나면서부터 대개 그러한 성감을 지니는 것이므로 결코 그 체험을 부정적으로 파악할 필요는 없다고 생각할 수 있다면 마음이 참으로 편안해질 것이다.

고대의 섹스 기법을 권하는 사람들

그런데 내 생각과는 반대로 불감증이 싫다면 진정한 쾌락을 느낄 수 있는 섹스를 배우면 된다고 주장하는 사람들도 있다. 예를 들면 중국 도교와 인도 탄트라 등에 담긴 전통적인 섹스 비법이야말로 남성에게 진정한 쾌락을 가져온다는 주장이다. 여기서 그쪽의 사고방식을 조금 살펴보고자 한다.

차이아와 아레이바는《몇 번이나 오르가슴에 도달하는 남성》에서 중국의 방중술을 현대에 되살리고자 한다. 그들은 사정과 오르가슴을 구분한다. 그리고 훈련하면 사정을 하지 않고 몇 번이나 오르가슴을 느낄 수 있다고 말한다. 구체적으로는 몸 안의 기를 북돋고 성기 둘레의 근육을 단련한다. 사정할 듯하면 근육으로 정액의 흐름을 억누른다. 그러면 정액은 방출되지 않지만 마치 사정한 것과 같은 쾌감을 맛볼 수 있다. 이렇게 하여 정액을 내뿜지 않고도 몇 번이나 사정할 때와 같은 쾌감을 맛보고 마침내는 우주와 합일할 정도의 쾌감을 느낄 수 있다는 것이다. 그들은 정액을 배출하지 않기 때문에 사정 뒤 공허감을 느끼지 않을 수 있다고 한다. 까닭해서 새어 나올 것 같으면 손가락으로 입구를 막으면 된다는 것이다.[26]

탄트라에 대해서는 뮤어 부부의 입문서《탄트라》에 알기 쉽게 나와 있다. 그들 또한 사정과 오르가슴을 구분한다. 탄트라 기법을 사용하면 바라는 만큼 길게 섹스를 즐길 수 있고 사정한 다음에도 짧은 휴식 시간을 거쳐 다시 발기할 수 있다. 그 결과 숙련되면 우주와 하나가 되는 섹스를 할 수 있다고 말한다. 다만 그들은 사정을 물리적으로 멈추는 것은 권장하지 않는다. 그러면 병에 걸린다는 것이다. 섹스로 사정한 뒤에도 성기를 여자 몸 안에 넣고서 가만히 있어야 한다. 그 상태에서 호흡을 정돈해야 여자 안에 내뿜은 성 에너지를 다시 한번 흡수할 수 있기 때문이다.[27]

고대의 성 비법을 현대에 부활시키려는 그들의 마음을 나는 잘 이해할 수 있다. 남성의 사정이 유일한 목적인 비참한 남녀의 섹스를 어떻게든 구제하고 싶다는 신념일 것이다. 남녀가 융합하여 우주와 일체가 되는 듯한 멋진 체험을 모두에게 가르쳐 주고 싶을 것이다. 또는 사정한 뒤에 찾아오는 추락감을 피하려는 마음도 아마 있을 것이다.

요요기 타다시代々木忠 역시 사정과 오르가슴을 구분하는데, 남자가 갑옷을 벗고 자신의 에고를 붕괴시킬 때 진정한 오르가슴을 체험할 수 있다고 말한다. 그리고 지구상의 사람이 모두 오르가슴을 체험한다면 세상은 대단히 살기 쉬워질

것이라고 말한다.[28]

쾌락 추구에 숨겨진 함정

나는 그들의 시도를 부정하지 않지만, 그들과는 다른 길로 나아가려고 한다. 그들처럼 진정한 오르가슴을 추구하는 방향으로 가 버리면 이미 삐뚤어진 자신의 섹슈얼리티와 대인관계는 내버려 둔 채 '성의 쾌락을 향한 욕망'만이 비대해질지 모르기 때문이다.

구체적으로 말하면 최고의 오르가슴을 얻기 위해 숙련된 매춘부와 섹스를 반복하는 남자가 생겨나도 어떻게 할 수가 없다(실제 탄트라를 보급하고 있는 어떤 남자는 인도에서 매춘부와 멋진(?) 탄트라 섹스를 했던 경험을 에세이에서 자랑스럽게 밝히고 있다). 또 사정하지 않고 몇 번이나 오르가슴을 느끼게된 남성이 여성을 차례차례 함락시키는 최고의 사냥꾼이 되어 가는 모습도 간단히 상상할 수 있다. 그것은 내가 바라는 모습이 아니다. 그러므로 우주와 일체가 되는 오르가슴을 추구하기 전에 일단 자기 내면을 물들인, 비틀린 섹슈얼리티를 어떻게 하면 좋을지, 그리고 자신이 지닌 성적인 욕망에 휘

남자도 모르는 남성에 대하여

둘리지 않으려면 어떻게 하면 좋을지를 신중하게 검토하는 자세가 필요하다고 생각한다.

조금 더 자세히 말하면 내가 《종교 없는 시대를 살아가기 위하여》(法藏館, 1996)에서 썼던 것처럼 나 역시 과거에 기공 그룹에 속해 있었고, 옴진리교에 끌렸던 시기가 있었다. 진정한 쾌락과, 우주와 합일되는 것을 구한 사람들이 어떠한 악을 껴안게 되었는지 목격했다. 남자가 쾌락을 추구할 때 분명 함정이 도사리고 있다. 그것은 쾌락 추구가 자신도 모르는 사이에 '권력'과 '욕망' 추구로 바뀌게 된다는 것이다. 그러므로 나는 일단 남자는 자신의 불감증을 솔직하게 인정하고 그것을 긍정하는 데서부터 출발하는 것이 최선이라고 생각한다.

불감증을 '다정함'으로

느끼지 못하는 남자는 자신이 불감증이라는 사실을 인정하려 들지 않는다. 하지만 당당하게 인정한다면 어떻게 될까? 아마도 느끼지 못하는 남자에서 벗어날 기회를 잡을 것이다.

불감증인 자신을 마음속에서 긍정하여 사랑할 수 있게 된다면 더는 느끼지 못하는 남자가 아니다. 마음속으로 불감증이지만 사정해서 좋았다고 생각하는 태도. 사정한 뒤의 추락감과 소외감을 맛보면서도 다정한 기분이 마음에 퍼져 나가 인간과 세계를 사랑하고 싶어지는 마음. 나는 이런 것을 바란다.

나는 이 책에서 '불감증'이라는 단어를 썼다. 개인적인 고민으로 좁혀 말하기보다는 의학적인 증상으로 넓혀서 파악하는 편이 마음 편하기 때문이다. 그러나 불감증은 반드시 고쳐야 할 것은 아니다. 불감증과 더불어 인생을 뜻있게 걸어가는 방법도 있기 때문이다. 예를 들어 좋아하는 여자와 어떠한 관계를 맺고 싶었는지 다시 한번 생각해 봐도 좋을 것이다. '불감증이지만 다정한 남성'이 되는 길을 찾아봐도 좋지 않을까.

다정함으로 이어지는 불감증이라면 오히려 그것을 기쁘게 받아들여도 좋지 않을까? 자위 직후에 다정한 사람들을 마음속에 떠올려 보는 것도 좋을 것이다. 열쇠가 되는 것은 불감증이기 때문에 발휘할 수 있는 다정함이다. 패배감이나 자기 부정, 복수로 향하기 쉬운 불감증 체험을 생명이 깃든 존재, 상처 입기 쉬운 존재에 대한 다정함으로 돌리는 것이

남자도 모르는 남성에 대하여

가능하다고 나는 확신한다. 불감증을 다정함의 원천으로 바꾸기, 여기서 느끼지 못하는 남자의 탈출구가 열린다.

불감증을 솔직하게 인정하고, 사정한 다음 다정한 기분이 될 수 있는 마음을 되찾아 자신의 마음속에 있는 비틀린 섹슈얼리티와 대인관계를 풀고 난 다음에야 비로소 섹스의 즐거움을 탐색해 가는 길이 열릴 것이다. 가장 중요한 것은 좋아하고 소중한 사람과 다정한 관계를 만들어 가고, 서로를 존경하고 사랑할 수 있는 관계를 만들어 가는 것이라고 생각한다. 그렇게 하기 위해서 필요하다면 상대방과 섹스를 깊이 탐험해 가면 되는 것이다. 관련 정보는 많이 나와 있다. 섹스가 반드시 필요하지 않을 때와 섹스 상대가 없을 때는 섹스에 과대한 기대를 걸지 않는 쪽이 좋다고 한다. 피해야 할 가장 큰 문제는 쾌락이 섹스의 목적이 되어서 그것에 휘둘려 버리는 일이다. 각자가 자신을 다시 바라보고 자신에게 맞는 구체적인 방법을 발견해 가는 것이 무엇보다도 필요하다.

'내 몸은 더럽다'는 의식 해소하기

한편 '내 몸은 더럽다'는 의식을 천천히 녹여 가는 것도 필요하다. 늘 자기 몸을 더럽다고 생각하면서 섹스를 하면 아무래도 상대 여성을 여러 가지로 상처 입히기 쉽고 자신에게도 상처를 입히게 된다. 근육을 만들고 멋을 부린다고 바로 문제가 해결되는 것도 아니다. 자기 몸이 더럽다는 의식을 바탕에 깔아 둔 채 무턱대고 육체를 갈고닦는 경우도 있기 때문이다.

자기 몸이 더럽다는 생각이 어디서부터 나오는지를 각자가 따져 보아야 할 것이다. 내 경우는 몽정 체험을 긍정하지 못했던 것이 가장 큰 원인이었다. 독자 여러분은 어떤가? 생각해 보기 바란다. 의식을 바꾸려면 신뢰할 수 있는 상대가 있으면 좋다. 상대방에게 자기 몸에 대한 고민을 털어놓고 만약 그 사람이 공감하고 받아들여 준다면 그 사람과 대화하면서 해결 방법을 찾아가는 수도 있을 것이다. 자기 몸은 결코 더럽지 않으며 그것 때문에 어떤 부담도 가질 필요가 없다는 점을 천천히 곱씹어 가면서 이야기를 나눌 길이 분명히 있을 것이다. 다정하게 몸을 서로 맞대고 마음을 주고받으면 많은 것을 얻을 수 있다.

여기서 한 가지 생각이 떠오른다. 남자아이든 여자아이든 중학생 정도가 되면 경험 있는 어른이 성에 대한 도움을 주는 관습이 자리 잡으면 어떨까? 교실에서 하는 성교육뿐만 아니라 올바른 자제심을 가진 어른이 실제로 길잡이가 되어 성적 고민과 어려움을 들어주고, 성적으로 성장하는 것과 성행위에 대한 조언을 하는 문화가 있다면 어떨까? 아이들이 인터넷 등의 매체에서 왜곡된 성에 관한 정보를 얻고 섹스 방법을 배워 버리기 전에 말이다.

다음과 같은 질문도 떠오른다. 남성 독자인 당신은 아버지가 자위하다 사정하는 모습을 상상할 수 있는가? 토할 것 같다는 사람도 있을지 모른다. 아버지가 메밀국수를 맛있게 먹는 장면은 간단히 상상할 수 있으면서 왜 자위는 안 되는가. 그것은 당신이 자위를 마음속 깊은 곳에서부터 긍정하지 못하기 때문이다. 그러나 가만 생각해 보면 아버지는 틀림없이 자위를 하고 있었고 섹스하면서 사정한 덕분에 당신이 태어났다. 이 점을 깊이 생각해 보면 어떨까.

남자는 어머니 뱃속에서 태어난 사실에 대해서는 깊이 감동하면서 아버지의 사정 덕분에 자신이 태어난 사실은 철저하게 은폐하려는 경향이 있는 듯하다. 그 배후에는 역시 불감증과 자기 몸은 더럽다는 생각이 숨겨져 있는 것은 아닐까.

'엄청난 쾌감'이라는 환상에서 해방되자

느끼지 못하는 남자에서 벗어나려면 미니스커트 안쪽과 소녀를 상대로 한 섹스와 교복과 성폭행에 뭔가 '굉장한 것'이 숨겨져 있다는 강한 믿음에서도 해방되어야 한다. 느끼지 못하는 남자는 특히 그런 믿음에 빠지기 쉽다. 자기 몸 안쪽에 뭔가 굉장한 것이 숨겨져 있다고 생각해 버리기 때문이다. 예를 들어 초등학생 소녀를 성폭행하면 이제까지 느낀적 없는 굉장한 쾌감을 얻을 수 있으리라는 망상에 빠져 버리는 것이다. 교복과 미니스커트에 두근거리는 정도라면 아직 다행이지만 굉장한 것을 찾다가 실제로 소녀와 성매매를 한다든지 성폭행을 저지른다면 큰 문제다. 2003년 도쿄 아카사카에서 일어난 여자 초등학생 감금 사건이 전형적인 사례다. 남성 주범은 소녀를 감금한 채 자살했지만 아마도 죽기 전에 한번이라도 좋으니 지금까지 느낀 적 없는 굉장한 쾌감을 맛보고 싶다고 생각했을지 모른다. 소녀를 상대로 한 섹스와 성폭행을 근절하려면 어딘가에 틀림없이 굉장한 쾌감이 있다는 굳은 믿음에서 해방되어야 한다. 이것은 매우 중요하다.

그러기 위해서는 미니스커트, 교복에 왜 남자들이 빠져드는지, 롤리타콤플렉스·성폭행 등의 메커니즘은 무엇인지 누구나 알 수 있게 밝히는 것이 중요하다. 이 책도 그런 시도 가운데 하나다. 독자 여러분도 이 책을 계기로 자신을 돌아보면 좋겠다. 자신을 가둬 놓은 미로 같은 성의 구조를 한순간이라도 더 높은 곳에서 내려다본다면 탈출구를 찾기도 쉬울 것이다. 그 구조를 밝혀내려면 나의 고찰에다 더 많은 연구를 더해야 한다. 여성학과 남성학의 공동 작업이 절실히 필요하다.

불쾌감을 느낀 분들께

여기까지 읽은 독자 중에는 뭐라 말할 수 없는 불쾌감을 느끼고 만 분도 있으리라. 남성인 글쓴이가 남성의 성에 대한 잡담을 늘어놓고 희열에 들떠 있는 것처럼 보일지도 모른다. 현상을 비판하는 듯하지만 실제로는 단순히 현상을 받아들이는 것이 아닌가 하는 의문도 들지 모른다. 페미니스트라면 '왜 새삼스럽게 남성에게서 섹스에 대한 설교를 들어야 하느냐'며 불쾌해할지도 모르겠다. 실제로 여성학회에서 발표했을 때 몇몇이 그런 비판을 했다. 섹스 안에는 남성이 여성을 지배하여 경멸하고 폭력을 휘두르는 구조가 내재돼 있으므로 그 사실을 자기비판하지 않는 섹슈얼리티론이란 자기 바지 앞춤은 열어 놓은 채 여자에게 설교를 늘어놓는 '아저씨'와 같다는 것이다. 이 책처럼 가벼운 필치로 섹스를 논하지 않았으면 좋겠다고 비판하는 이도 있고, 페미니즘이 지금까지 밝혀 온 남성에 의한 여성 지배의 구조도 공부하지 않고 무슨 잘난 척을 하느냐며 반발할 이도 있을 것이다. 실제로 그런 비판도 받았다.

이런 분들에게 한마디만 덧붙이고 싶다. 나의 남성학은 우먼리브*와 페미니즘을 정면으로 받아들이면서 시작되었다. 다나카 미츠田中美津는 "남성이 자기 아픔을 자기 언어로 이야기하기 시작할 때가 과연 올 것인가" 하는 요지의 발언을 했는데, 나는 그 작업을 진지하게 해 나가는 일에서부터 남성학이 시작된다고 생각한다. 내가 우먼리브와 페미니즘을 어떻게 수용했는지에 대해서는《생명학으로 무엇을 할 수 있는가》를 참고해 주면 기쁘겠다.

---

* 여성 해방women liberation 운동의 줄임말. 1960년대 미국에서 시작된 운동으로, 여성이라는 이유로 받는 사회적 차별을 철폐하자는 움직임이다. 페미니즘에 앞선 여성 운동의 초기 형태다.

나는 페미니즘이 밝혀 온 성 지배의 구조가 매우 설득력 있다고 생각한다. 그 구조를 해체하려면 남성이 변해야 한다. 특히 남성의 섹슈얼리티가 변해야 한다. 남성인 내가 '나'를 주어로 하여 남성 섹슈얼리티에 대해 지금까지 언급된 적 없는 부분을 해명함으로써 남성 쪽에서 성 지배의 구조를 해체하기 위한 어떤 계기를 만들 수 있다고 믿는다. 이에 따라 나는 이 책 안에서 오해를 불러일으킬 만한 것부터 취급이 위험한 것까지 여러 가지 장치를 마련했다.

하지만 나는 젊은 지식인들에게 있을 법한, 현상을 받아들인 채로 하위문화적인 담론을 늘어놓는 식의 태도는 한번도 취하지 않았다. 동시에 '부성의 복권' 같은 주장을 하는 보수주의와는 틀림없이 선을 긋고 있다. 이렇게 말하는 까닭은 남성이라는 정체성을 스스로 긍정해 나가자는 이 책의 취지가, 지금보다 더 '사내다움'을 회복하지 않으면 안 된다는 보수주의적 주장과 첫눈에는 비슷하게 보이기 때문이다. 보수주의자는 오늘날 남성이 여자같이 허약해져서 제구실을 못한다고 한탄한다. 젊은 남성들이 더 당당한 '일본 남아'가 되어 자신감을 갖는 것이 중요하다고 설교하는 것이다. 하지만 나는 그와 반대로 사회가 요구하는 사내다움에 자신을 억지로 끼워 맞추려는 쪽의 해악이 더 크다고 생각한다. 자기 긍정과 사회가 요구하는 종류의 사내다움을 회복하는 일은 별 개다. 그 점을 착각해서는 안 된다.

어떤 독자는 내가 이 책에서 남성성의 비참한 면만을 강조한다고 비판할 수도 있다. 아무리 그렇게 써 봐야 상처 입은 남성의 용기를 북돋을 수 없다는 것이다. 말이 험한 논객이라면 '모리오카는 자신의 빈곤한 성감과 성 체험과 망상을 가지고 남성에 대해 떠들지 않았으면 좋겠다'고까지 말할 것이다. 그러나 내가 쓴 것은 나의 진실이다. 분명히 이 책에서 성의 풍요로움을 거의 말할 기회가 없었다는 점은 인정한다. 성에는 분명히 풍요로운 면이 있다. 그렇지만 풍요로움을 말하기 전에 반드시 해야 할 일이 있다. 그래서 보통 말할 기회가 적은 부분에 집중했다. 그 작업을 해내야 타인을 자기 욕망을 위한 단순한 수단으로 삼지 않는 다양한 섹스 방식이 열리리라 믿기 때문이다.

각자의 문제로

지금까지 내 이야기도 많았고 극단적인 가설도 많았다. 독자 여러분은 어떤지 스스로 질문해 보기를 바란다. 다른

남자도 모르는 남성에 대하여

연구자들에게 바라는 점도 있다. 내 가설이 틀렸다면 새로운 관점을 보여 주었으면 한다. 섹슈얼리티의 문제에 해답은 없다. 독자 한 분 한 분이 자신의 경험을 토대로 생각해 나가지 않으면 안 된다.

나는 어땠는가? 남성 불감증을 공공연히 인정할 수 있게 되었다. 그렇게 되기까지 기나긴 시간이 걸렸지만 어쨌든 해냈다. 어딘가에 굉장한 쾌감이 숨겨져 있다는 생각을 이제 더는 하지 않는다. 그 대신 불감증이어도 상관없으니까 다정한 남자가 되고 싶다고 생각하게 되었다.

내 몸이 더럽다는 느낌은 아직 극복하지 못했다. 몽정과 자위가 나에게 각인한 흔적이 뜻밖에도 크다는 사실을 잘 알게 되었다. 자기 몸을 긍정하고 사랑하는 경지에는 완전히 못 미쳤다. 이는 앞으로 풀어야 할 숙제다.

교복 페치와 롤리타콤플렉스에 대해서는 그 구조를 알게 되어 마침내 거기에서 해방된 듯하다. 물론 교복 입은 귀여운 여자아이를 보면 끌리기도 하지만 그 기분에 휘둘리는 일이 더는 없다. 내 기분을 멀찍이 떨어져서 바라볼 수 있게 되었기 때문이다. 여성의 이미지만을 차례차례 소비해 나가는 일이 실제 여성을 얼마나 괴롭히는 짓인가도 잘 알게 되었다. 사람과 사람이 감정을 서로 나누면서 좋은 관계를 만들어 갈 수 있다는 사실도 알았다. 남성의 섹슈얼리티는 얼마든지 변할 수 있다고 나는 단언한다.

할 말은 아직도 많지만 일단 이쯤에서 책을 마치겠다.

남자도 모르는 남성에 대하여

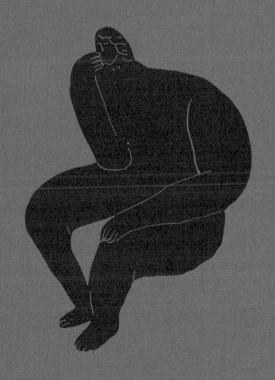

06
—
출간 이후
이야기

출간 이후 반응들

이 책은 2005년 2월에 간행되었다. 서점에 진열되자마자 주목을 받아 인터넷에서도 반향이 컸다. 대학교수가 자신의 성에 대해 고백을 한 데다, 그 내용이 남성 불감증에서 롤리타콤플렉스까지 아우르고 있어 그랬던 것 같다.

우선 처음 독자 여러분에게 전하고 싶은 것은 이 책을 간행한 후에 내가 상당한 정신적 침울함에 빠졌다는 것이다. 이미 예상은 하고 있었지만 실제로 체험해 보니 그것은 상상을 뛰어넘는 것이었다. 정신적으로 불안정해져서 조그만 일에도 감정이 험악해지거나 강한 불안감에 휘둘렸다. 나의 성에 대한 고백이 책이라는 형태를 취하여 사람들 눈앞에 공개된 것이다. 인터넷에서 검색할 때마다 내 책에 대한 코멘트가 눈에 뛰어들어 왔다. 내 섹슈얼리티를 냉소하는 말과 나 같은 남성과는 사귀고 싶지 않다는 말도 있었다. 대학서점에서도 화제가 되어 수업 시간에 학생들과 마주할 때마다 마

음이 불편했다. '모리오카가 그런 남자였다니'라는 목소리가
가는 곳마다 들려오는 것 같았다.

이 책의 간행은 의외의 장소에까지 영향을 미쳤다.
2006년 미국에서 열린 생명윤리학회에서 내가 발표했을 때
사회자(미국인 남성 교수)가 청중에게 "모리오카 교수는 생명
윤리뿐만 아니라 섹스할 때 남성이 느끼지 못하는 것과 왜
자신이 10대 소녀에게 성욕을 느끼는지에 대해서도 고찰하
는 연구자입니다!"고 빙긋 웃으면서 소개한 것이다. 그는 나
를 생각해서 덧붙여 설명해 준 것이겠지만 나는 어떻게 반응
하면 좋을지 몰라 당황스러웠다.

이 책을 쓴 뒤 나의 섹슈얼리티에 어떤 변화가 일어났는
지 궁금한 독자도 있을 것이다.

우선 사정 뒤의 공허감과 추락감은 예전 그대로다. 자위
와 섹스 방법을 연구하면 성감도 변한다고 조언해 주는 사람
도 여럿 있었다. 천천히 시간을 들여서 전신의 피부를 민감
하게 하면 좋다든지, 전립선에 자극을 주면 좋다든지, 파트
너와 며칠에 걸쳐 성감을 높여 가면 좋다는 등의 정보를 알
려 주는 이도 있었다. 그 방법들대로 했더니 실제로 성감이
더 계발되어 사정 뒤 공허감이 덜해졌다는 보고를 여기저기
에서 읽을 수 있었다. 그런 사실을 전혀 부정하지는 않겠지

남자도 모르는 남성에 대하여

만 나는 그러한 방향으로 나아갈 생각이 전혀 없다. 성의 쾌감을 높여 나가는 것으로 불감증 문제를 해결하는 것은 어딘지 이치에 어긋나는 것처럼 생각되었다. 불감증을 안고 있는 자신을 있는 그대로 긍정해 나갈 길을 찾고 있었기 때문이다. 불감증이지만 그대로여도 좋다, 있는 그대로의 자신을 긍정하면서 자신의 섹슈얼리티를 다시 짜는 길을 찾고 싶은 것이 내 진심이다.

그렇다면 교복에 끌리는 현상은 어떻게 되었을까. 정직하게 말하면 아직도 교복에 끌린다. 교복 입은 여자 중고생을 보면 좋네, 라고 생각하면서 성적인 것을 느끼는 자신을 느낀다. 다만 이 책에서 밝혔듯이 교복에 끌리는 메커니즘을 확실히 이해했기 때문에 성적으로 느끼는 것을 떼어 놓고 관찰할 수 있게 되었다. 교복에 끌리는 기분이 이해할 수 없는 정동情動에서 그 원리가 잘 보이는 정동으로 변화한 것이다.

롤리타콤플렉스는 어떻게 되었을까. 나는 초등학교 고학년에서 중학교에 걸친 소녀는 귀엽다고 생각하고, 그녀들에게 아직도 성적으로 끌린다는 사실을 부정할 수 없다. 그러나 이에 대해서도 내가 그 소녀들에게 끌리는 메커니즘을 확실히 이해했기 때문에 그런 감정을 거리를 두고 볼 수 있게 되었다. '뭐야, 이런 거였잖아'라는 안도감이 내 안에서 생겼다. 그리고 소녀들이 이 성적인 시선으로 가득 찬 사회에서 부디 무사히 건강하게 성장해 주길 바라는 부모 같은 마음도 갖게 되었다. 그녀들을 착취하는 쪽에 서 있었고, 지금도 서 있을지 모를 내가 이런 말을 할 자격이 있을지 모르겠지만, 부디 그녀들이 어른의 욕망의 희생양이 되는 일 없이 살아가고, 행복하게 살아갈 수 있는 사회 환경이 정비되길 바란다.

소녀에게 끌리는 메커니즘이 해명되면서 나에게 또 하나 변화가 일어났다. 성인 여성에게 끌리는 경우가 늘어났다는 것이다. 경험이 풍부하고 지성도 있는, 견실한 아름다운 여성을 보고 진심으로 멋지다고 생각하게 되었다. 연상의 여성 정치가와 연구자를 보면서 마음이 움직이고 성적으로 끌릴 때도 있었다. 소녀에게 성적으로 끌리는 메커니즘을 이론적으로 해명하면서 성적으로 끌리는 대상 연령이 대폭 넓어진 것이 도대체 무슨 영문인지 나도 잘 모르겠지만 실제로 그러한 일이 나에게 일어나고 있다.

남자로서 내 몸이 더럽다는 생각은 어떻게 되었을까. 안타깝게도 이것에 대해서도 변화는 찾아오지 않았다. 아직도 나는 남자인 내 몸이 더럽다고 생각한다. 이 신체에서 다른 신체로 갈아타고 싶은 마음은 아직도 내 안에 확실히 존재하고 있다. 오랜 세월에 걸쳐 물들어 온 신체관을 바꾸는 것이

　　　　　　　남자도 모르는 남성에 대하여

상당히 어렵다는 사실을 깨달았다. 늙어 갈수록 이것이 큰 문제로 닥쳐올 것이 분명하다.

나는 요즘 노인 돌봄 현장을 돌고 있는데 사람은 나이가 들수록 자기 몸이 더럽다고 생각하기 쉽고 주위 사람들도 그런 눈으로 보게 된다. '몸은 더럽다'는 것을 전제로 한 공간에서 사람이 존엄을 가지고 늙어 가는 것이 가능할까. 내 몸이 더럽다는 의식을 해결하지 못하면 나는 앞으로 늙어 가는 과정에서 새로운 고민을 안게 될 것이다.

이상을 정리하면 이 책을 간행하면서 나의 섹슈얼리티 구조에 결정적인 변화가 일어났다는 것이다. 그 덕분에 나는 더는 이전의 나로 돌아갈 수 없게 되었다. 내 성적인 감수성은 그다지 바뀌지 않았는데도 나의 섹슈얼리티 구조에 변화가 일어난 덕분에 새로운 광경이 눈앞에서 펼쳐지기 시작했다고 보면 될 것이다. 그 새로운 광경의 기조를 이루는 것은 이 세계에 살아가는 모든 사람이 평화롭기를 바라는 마음이다. 예를 들어 성적인 장면에서 통상적이지 않은 욕망이 소용돌이치고 있다고 해도, 비대칭적인 관계성이 있다고 해도, 고통과 복종이 있다고 해도, 그 행위들이 합의에 바탕을 둔 평화로운 인간관계 위에서 이루어진 것이라면 거기에 관련된 사람들이 결코 존엄을 빼앗기는 일이 없기를 바란다는 것이다. 그리고 나 자신에 대해서만 말하면 좋아하는 여성에게 가능한 한 다정하게 대하고 싶다는 마음이 이전보다 더 깊어졌다.

'고백'의 형식을 빌린 이유

남자의 섹슈얼리티를 취급한 대부분의 책은 '남자는 이렇다'는 자세로 쓰였다. 나는 그것에 반해서 '나는 이렇다'는 자세로 이 책을 썼다. 나에 대해 쓰는 것이므로 내용은 저자의 '고백'에 가까운 것이 된다. 이 점에 대해서 찬반양론이 일어났다. 사회적 지위가 있는 사람이 이러한 고백을 통해 고찰한 전례가 없으므로 그 용기에 박수를 보내고 싶다는 찬사가 있었는가 하면 다른 한편에선 이 책은 단순히 저자의 성적 기호를 줄줄 흘려보내고 있을 뿐으로 그것이 남성 일반에 해당한다는 보증은 어디에도 없으므로 전혀 객관적이지 않다는 비판도 다수 볼 수 있었다. 나는 양쪽 의견에 다 동의한다. 이 책을 쓰는 데에는 상당한 용기가 필요했고, 또 이 책에 쓰인 것은 모리오카의 사례뿐으로 객관성은 전혀 보증되지 않았다.

애초에 내가 이 책을 쓴 목적은 남성의 섹슈얼리티를 객관적으로 해명하고 싶어서가 아니었다. 섹슈얼리티에 대한 괴로움과 고민이 어디에서 오는지를 어떻게 해서든지 알고 싶었기 때문이다.

자신의 섹슈얼리티를 파고들어 간다는 것은 어쩔 수 없는 아픔을 동반한다. 왜냐하면 자기 내면에 숨겨 온 '약한 부분'과 마주해야 하기 때문이다. 애초부터 약한 부분이어서 타인에게도 자기에게도 감추고 있던 것인데 거기에 빛을 비추는 격이다. 하지만 그렇게 하지 않으면 자기 섹슈얼리티의 가장 본질적인 부분을 움켜쥘 수 없다.

그리고 그 방법은 비슷한 약함과 아픔을 안고 있는 사람들에게 어떤 힘을 줄 것이고, 이런 사람들이 '약함'이라는 접속 면으로 이어져 새로운 세계가 열리리라고 나는 생각한다.

거듭 말하지만 나는 이 책에서 자신의 약한 부분을 타인의 눈앞에 드러냈다. 책을 낸 이후 내 정신 상태가 무너진 원인 중 하나가 바로 이것이다. 내 가장 약한 부분을 누가 언제라도 쉽게 칼로 찌르러 올 수 있는 상태로 둔 것이기 때문이다. 하지만 꼭 고백의 형태로 쓸 필요가 있었다. 물론 그 때문에 이런 내용은 "학문이 아니다"는 비판도 들었다. 일리 있는 지적이다. 우리가 익히 알고 있는 학문의 체계를 따르진 않았으니까. 하지만 내겐 학문 체계를 따르는 것보다 후회 없는 인생을 살고 싶다는 바람이 더 중요했다. 그런 점에서 이 책은 학자로서의 책이기 전에 내 삶을 돌아보고 다지게 만드는 데 역점을 둔 책이라고 할 수 있다. 나는 후회 없는 인생을 살고 싶고, 그 과정에서 나와 비슷한 목표를 행해 가는 사람들과 교류하고 싶다.

학문이란 누구에게나 비슷하게 해당하는 '객관적'인 사실과 법칙을 추구하는 지적 영위를 말한다. 이 의미에 따르면 객관성이 없는 것은 치명적인 결점이다. 물론 이런 학문의 의미를 부정하고 싶지는 않다. 그것은 인류가 획득한 멋진 달성이기 때문이다. 하지만 나는 동시에 객관성에 얽매이지 않는 학문도 있을 수 있다고 말하고 싶다. 나에게 학문이란 '내가 이 유한한 인생을 후회 없이 살아내기 위해서 총동원되는 지식 행위의 네트워크' 같은 것이다. 현재의 학문이 객관적인 사실과 법칙을 추구하는 것이라면, 내가 지금 정의한 학문은 유한한 인생을 후회 없이 살아낸다는 것은 어떠한 것인가, 그리고 어떻게 해야 그렇게 살아낼 수 있을까를 추구하는 것이다. 즉 나는 지적인 행위를 하는 것과 내가 실제로 살아가는 것이 표리일체가 되기를 원한다. 그런 점에서 생명학은 객관성을 추구하는 현재의 학문과는 완전히 노선이 다른 학문의 가능성을 열고자 하는 것이다.

그리고 이러한 학문을 하려면 자기 내면과 역사를 깊게 파고들어 가는 고백적인 방법이 반드시 필요하다. 물론 그 고백을 타인에게 보이는 형태로 할 필요는 전혀 없다. 이 책에서 나는 그렇게 했지만 그것은 어디까지나 특수한 경우라고 생각해 주면 좋겠다. 내가 그 방법을 쓴 이유는 자기를 탐구하는 구체적인 자세를 독자가 봐주기 원해서였다. 나의 좋은 면, 나쁜 면을 모두 털어놓음으로써 독자와 공유하고 싶었기 때문이다. 독자들은 우선, 홀로 은밀하게 자신과 이 작업을 하기를 권한다.

나는 이러한 방법을 '자신을 결코 제쳐 두지 않는' 배움의 방법이라고 불러 왔다. 세상에는 자신을 제쳐 둔 채 문제를 논하는 사람이 많은데, '생명학'을 행할 때에는 항상 자신을 포함해 생각하지 않으면 안 된다.

나는 《남자도 모르는 남성에 대하여》를 이러한 생명학의 방법론에 근거해 썼다. 이 책은 단순히 노출이 취미인 사람의 고백서가 아니라 학문에서 다른 계통의 가능성을 열려는 행위이기도 했다는 점을 독자들이 알아 주면 좋겠다. 물론 생명학 방법론은 아직 확립되어 있지 않다. 나는 지금까지 몇몇 책을 쓰면서 그 방법론을 모색해 왔다.

최초로 생명학에 대한 지적 행위를 시도한 것이 옴진리교

사건을 다룬 《종교 없는 시대를 살아가기 위하여》(1996)였
다. 옴진리교 간부들은 진리 획득을 목표로 했으면서도 어딘
가에서 발을 잘못 디뎌 최종적으로는 흉악범죄에 도달하고
말았다. 그러나 그들을 조사하면 할수록 나 역시 자칫하면
그들과 비슷한 인간이 되었을지 모른다고 생각할 수밖에 없
었다. 나란 도대체 누구인가. 그 답을 찾기 위해 나는 그때까
지 내가 걸어온 길을 돌아보면서 마음속 깊은 곳에서 종교에
끌렸던 과거와 그런데도 종교에 입문할 수 없었던 좌절 등을
캐내려고 했다. 그리고 과학의 길로 나아가지도, 그렇다고
해서 종교에도 입문하지 못한 내가 살아갈 길을 어떻게 찾으
면 좋을지를 고백적으로 고찰해 나간 것이다.

2003년에는 《무통문명》을 냈다. 아픔과 괴로움을 피하고
쾌락과 쾌적함을 줄곧 추구하고자 하는 현대 문명 속에서 우
리가 자기 욕망의 만족을 대가로 생명의 기쁨을 잃어버리고
있는 것은 아닌가라는 질문을 철저하게 고찰한 책이다. '무
통문명'은 우리 깊은 곳에 있는 욕망을 원동력으로 작동하
며, 무통문명을 극복하려는 행위가 오히려 무통문명을 강대
하게 만들어 버리는 역설을 보여 준다. 문명이라면 사회제도
와 기계장치, 식생활시스템 등 인간 외부에 있는 제도를 떠
올리지만 그것만으로는 안 된다. 무통문명의 함정에 대해 제

대로 생각하려면 무통문명에 적응하여 살아가려는 우리 자신의 내면에 무엇이 숨겨져 있는가를 정면에서 불투명함 없이 바라봐야 한다.

그래서 나는 고백을 방법으로 택했다. 현대 문명에서 내가 지금까지 어떤 삶을 살아왔는가, 나는 어떠한 정체성의 갑옷으로 자신을 지켜왔는가, 내가 가장 두려워하는 것은 도대체 무엇인가, 무통문명은 나의 무엇을 지켜 주는가, 그것을 대가로 나에게서 무엇을 빼앗아 가는가, 그것들을 가려내기 위해 나는 그 책에서 내 인생을 소재로 삼아 나로서는 보고 싶지도 건드리고 싶지도 않은 내면의 세계로 마음을 굳게 먹고 파고들어 간 것이다. 현대 문명의 핵심 부분을 검토하기 위해 자신을 연구하는 방법을 채용한 것이다.

그리고 여러분이 지금 손에 들고 있는《남자도 모르는 남성에 대하여》가 생명학적으로 접근한 세 번째 책이다. 종교, 문명을 소재로 하여 전개해 온 생명학이 섹슈얼리티 영역으로 깊숙이 들어갔다고 말할 수 있겠다.

생명학이 무엇인지 한마디로 설명할 수는 없다. 설명보다는 내가 이 세 권의 책에서 드러낸 것이 생명학이라고 말하는 쪽이 더 정확할 것이다.

《남자도 모르는 남성에 대하여》출간 후에도 이 시도는 계속되고 있다. 2008년에는《초식계 남자의 연애학》(미디어팩토리)을 출간했다. 마음은 다정하지만 연애에는 소극적인 젊은 남성들에게 연애하려고 무리하게 '남자답지' 않아도 된다고 조언한 책이다. 이 책 때문에 '초식계 남자'라는 말이 유행어가 되었다.

《남자도 모르는 남성에 대하여》5장에서 나는 '불감증이어도 괜찮으니까 다정한 남자가 되고 싶다'고 밝혔다. 이 책을 쓰면서 남자로 자라는 동안 어쩔 수 없이 내 안에 성에 관한 폭력성이 자라나 잠재되어 있다는 사실을 깨달았기 때문이다. 그 폭력성을 어떻게든 없애고 싶었고 앞으로 성애의 세계로 떠나려는 젊은 남성들이 가능한 한 폭력이 아닌 길을 열어 가기를 또한 바라게 되었다. 그동안 내가 축적한 지식과 지혜를 과거의 나 같은 젊은 남성들에게 전해 그들이 파트너와 진정으로 다정한 관계를 맺으며 나아가길 소망했다. 《초식계 남자의 연애학》은 연애 방법을 자세하게 쓴 실용서라는 외피를 쓰고 있지만, 이면에는 그리한 메시지가 담겨 있다.

더 거슬러 올라가면 나는《무통문명》에서도 다음과 같이 썼다.

스스로의 괴로움을 철저하게 추구해서 무통화한 자들이
야말로 가장 타인의 괴로움을 느끼지 못하고, 가장 타인
의 호소를 들으려고 하지 않고, 타인을 일방적으로 억누
르고서는 그 사실에 가장 둔감하다.[29]

　자신을 지키기 위해서 아픔을 '느끼지 않도록' 해 나간 자
들이야말로 가장 강대한 폭력을 휘두르는 존재가 된다는 것
이다. 무통화에 의한 폭력, 느끼지 못하는 남자, 초식계 남자
가 여기에서 일직선으로 연결되는 것이다. 이처럼 초식계 남
자라고 해서 폭력 주체가 되지 않는 것은 아니다. 초식계 남
자가 무통문명에 적응하여 이를 지탱하게 되면 무통문명의
폭력에 가담하는 것이 되며, 초식계인 그들은 무통문명에 힘
으로 대항하기도 어려울 것이다. 이 논점은 그다지 새로운
것이 아니며 앞으로 숙고할 필요가 있다.

　생과 사의 철학 방면에서도 나는 지금 새로운 길을 찾고
있다. 내가 태어난 의미 그리고 죽어 가는 것의 의미를 철학
적으로 고찰하고, 사회와 자연의 네트워크 속에서 그것에 대
해 계속 생각해 나가는 '생명철학'이라는 장르를 나는 현대
철학에 위치 지을 방법을 구상하고 있다. 그리고 그 출발점
에 놓여 있는 것이 '태어나서 정말 잘됐어'라는 사고방식이

남자도 모르는 남성에 대하여

다. 나는 그것에 '탄생 긍정'이라는 이름을 부여했다. '태어나서 정말 잘됐어'라는 것은 도대체 어떤 것인가, 그것을 중핵으로 했을 때 세계와 사회와 자연은 어떠한 모습으로 보이기 시작할까, 그러한 것을 집중해서 생각하는 철학의 장르를 열어젖히려고 생각 중이다. 이 또한 《남자도 모르는 남성에 대하여》에서 이어진 사고다.

4장에서 썼던 것처럼 나는 2차 성징 때 남자 쪽으로 방향을 틀어 성장한 것을 마음 깊은 곳에서 긍정하지 못하고 있었다. 그것이 하나의 원인이 되어 성에 관한 여러 뒤틀림을 안게 된 것이다. 그렇지만 그 분기점으로 돌아가서 인생을 다시 시작할 수는 없다. 지나온 인생 전부를 긍정하면서 살아갈 수는 없는 것일까? 태어난 것을 정말로 잘됐다고 축복할 수는 없을까? 그러한 질문에 대해 철학적으로 철저하게 생각해 나가고 싶다. 생명철학에 대해서는 아직 논문 몇 편만 있을 뿐이고 책을 간행하는 데까지는 이르지 못했지만 언젠간 두꺼운 책으로 정리할 생각이다. (논문 몇 편은 '생명철학 구축을 향해'로 검색하면 다운로드할 수 있다.)

이상에서 본 것처럼 《남자도 모르는 남성에 대하여》는 내 사색의 여정에서 필연적으로 탄생한 책이고, 또 앞으로의 사색에서도 추동력이 되어 줄 책이다.

독자들의 궁금증

《남자도 모르는 남성에 대하여》를 낸 후 다양한 질문을 받았다. 그중 몇 가지를 소개하고 대답한다.

남성 불감증은 생물학적으로 설명할 수 있지 않나요?

'남성 불감증'과 '꽉 차는 느낌'의 원인에는 생리적인 것과 정신적인 것 두 가지가 있다고 나는 썼다. 그 원인들은 생물학적으로 설명할 수 있는 것이므로 더욱 과학을 공부하라는 지적을 여러 독자에게서 받았다. 예를 들면 남성 불감증은 사정 후에 바로 일어나서 암컷을 지켜야 하는 수컷의 본능에서 온 것으로, 진화생물학적으로 설명되어 있다는 것이다. 또 '꽉 차는 느낌'은 혈중 안드로젠(남성호르몬)의 농도와 전립선에 있는 정액의 양에 의해 설명할 수 있다는 것이다.

본문에서도 썼듯이 나는 생물학적인 원인이 있을 것이라

는 사실을 부정하지는 않는다. 내가 강조하고 싶은 것은 '생물학적인 원인만이 중요하다' '사회적인 원인에는 근거가 없다'는 시각은 취하지 않는 게 좋겠다는 것이다. 왜냐하면 최신의 심리학과 뇌 연구에 의해 생물학적인 원인으로 간주되었던 것이라 해도 사회환경의 영향을 받는 것이 있고, 그 역으로 사회적인 원인으로 간주된 것이라 해도 생물학적인 것에 좌우되는 일이 있다는 사실을 알게 되었기 때문이다. 생물학적 원인과 사회적 원인을 분명히 나눌 수 있다는 발상 그 자체가 틀린 것일지도 모른다.

그러므로 '남성 불감증은 생물학적으로 설명할 수 있다'는 주장에 대해 '남성 불감증에는 생물학적으로 설명할 수 있는 부분이 있을지 모른다'로 답해 두고 싶다.

나는 불감증이 아닌데요?

이 책에서 나는 나를 예로 삼아서 고찰했다. 그 결과가 남성 일반에 해당될 리 없다는 점도 강조했다. 그런데 적지 않은 독자가 내가 '남성은 예외 없이 불감증으로 고민하고 있다'는 식으로 결론 내렸다고 여기는 것 같다. 실제로 '나는 불감증이 아니야'라고 반론하는 남성 독자도 있었고, '남성들이 그런 식으로 느끼고 있었다니 몰랐고, 충격적이다'는 평을 올린 여성 독자도 있었다. 이런 반응들을 보면 확실히 내가 쓴 방식에 부족한 점이 있었다고 생각한다. 더 용의주도한 문장을 썼다면 좋았으리라 반성하고 있다. 이 책을 쓰던 때에는 나와 섹슈얼리티가 비슷한 남성이 정말 있는지 없는지 전혀 자신할 수가 없었다. 그런 남성들이 실제로 존재하면 좋겠다고 바라면서 글을 써 갔다. 그러한 바람이 나의 섹슈얼리티를 일반화하는 것 같은 문장을 만들어 낸 것 같다.

책이 나온 후 나와 섹슈얼리티가 비슷한 남성들이 동감하는 글을 보내 주었다. 인터넷에서도 '마치 내 일 같다'고 써 준 남성들이 있었다. 그 덕분에 나는 결코 혼자가 아니고 비슷한 상황에 놓인 동지들이 있다는 사실을 알게 되었다. 깊이 위로받았고, 용기도 얻었다는 점을 여기에 써 둔다.

여성을 너무 이상화하고 있어서 기분이 나빴습니다.

이 책 전체를 통해서 여성이 지나치게 이상화되어 있다는 비판도 받았다. 예를 들어 내가 남성 불감증을 말할 때 여성 섹슈얼리티의 훌륭함을 너무 강조하고 있고, 롤리타콤플렉스를 말할 때는 2차 성징을 맞이한 소녀의 몸을 지나

치게 아름답게 묘사하고 있다는 것이다. 그 점이 "기분 나쁘다"고 말하는 사람도 있었다.

본문을 신중하게 읽으면 알 수 있는 일인데, 나의 포인트는 여성 몸과 섹슈얼리티가 실제로 얼마나 멋지냐 아니냐가 아니다. 나의 내면에 '여성 몸과 섹슈얼리티가 멋지다'는 감수성이 새겨진 이유를 해명하는 데 있었다. 만약 내 안에 여성을 이상화하는 경향이 있다면, 그것이 어디에서 온 것인지 해명하고 싶었던 것이다. 그 이유를 사정 후 추락감과 남자인 자기 몸을 더러워한다는 점 그리고 내가 잘못된 방향으로 성장했다는 생각 등에서 도출하려고 한 것이다.

어떤 여성 독자에게서는 여성 몸에 대한 묘사가 극히 피상적이라는 지적도 받았다. 분명 그럴 것이다. 남성인 나로서는 여성의 몸으로 살아간다는 것이 실제로 어떤 것인지 알기가 거의 불가능하기 때문이다. 그렇지만 그건 여성도 마찬가지일 것이다. 여성들도 남성으로 살아간다는 것이 어떤 것인지 알기 어렵다. 이런 문제를 해결하기 위해서는 여성과 남성이 서로의 몸과 섹슈얼리티를 이해하려고 노력할 필요가 있다. 그것은 말처럼 쉬운 일이 아니지만, 그래도 어떠한 공동 작업을 해 나가야 할 시기가 도

래하고 있다고 생각한다. (나는 이런 반성을 토대로《초식계 남자의 연애학》에서 그러한 시도를 가능한 한 해 보았다.)

주니어 아이돌 사진의 어디가 나쁘다는 말인가요?

나는 이 책에서 성적인 메시지가 깔려 있는 소녀들의 사진집 내는 것을 비판했다. 그에 대해 그것의 어디가 나쁜지 모르겠다는 의견을 인터넷에서 적잖이 보았다. 성기가 찍힌 것도 아니고 본인과 부모의 승낙을 받아 한 건데 뭐가 문제냐는 것이다. 역으로 그것을 규제하는 쪽이 '표현의 자유'를 침해하는 것 아니냐는 반론이었다.

나는 이런 의견에 다시 한번 반대한다. 설령 소녀 자신이 승낙했더라도 피사체인 여자아이는 사진에 깃든 성적인 메시지를 제대로 이해할 수 없는 경우가 많다고 생각하기 때문이다. 초등학생인 경우 특히 그럴 것이다. 그녀들이 나중에 어른이 되었을 때 뒤늦게 이 사실을 깨닫고는 심신에 큰 상처를 입을 가능성도 크다. 아무리 부모가 승낙했더라도 아이들을 이런 위험에 처하게 해서는 절대 안 된다고 생각한다.

요즘은 주니어 아이돌 사진이 사진집 대신 DVD로 판매되는 추세다. 그리고 DVD 동영상 중에 이 책에서 지적한 것 같은 위장된 '소녀 포르노'가 번식해 가고 있다. 더 자세히 말할 순 없지만, 성인 그라비아 아이돌이 하는 것과 비슷한 일을 초·중학생 소녀에게 시킨 동영상이 여느 상품처럼 당당하게 판매되고 있는 것이다.

나는 이런 사실을 2005년 12월 24일 〈아사히신문〉(오사카판 석간)에 '어린 마음의 상품화 왜 허용하는가-로리콘 사회·범죄의 근원·계속되는 소녀살해사건'이라는 제목으로 게재한 적이 있다. 이 글에서 나는 흔히 팔리고 있는 여덟 살 소녀의 DVD 표지에 성적인 메시지가 가득하다는 사실을 지적했다. 그리고 초등학교 저학년 여자아이의 실사 이미지를 성적인 문맥에 두고 상품화하는 것은 아무리 부모가 승낙했더라도 일종의 학대로 보고 규제해야 한다고 주장했다. 소녀를 포르노에 위치시키는 일 자체를 위법으로 규제해야 한다는 것이다.

그런데 이 글에 대한 반향은 거의 없었다. 인터넷에서 언급은 있었지만 그것은 대부분 소녀 포르노를 규제하는 일을 표현의 자유라는 관점에서 반대하는 것이었다. 페미니스트 여성들에게도 의견을 들어 보았지만 그다지 반응이 없었다. 일본 사회는 이렇게 매우 둔감하다. 이 점에 대해서는 앞으로 진지하게 생각해 봐야 한다. 2005년에 데뷔해 지금은 일본의 국민적 아이돌이 된 AKB48의 프로모션 비디오가 소녀 포르노가 되기 일보 직전이라는 사실을 사람들은 커다란 목소리로 말하지 않는다. (당시 18세 미만인 소녀의 속옷이 찍혀 있었다.)

이와 관련해 나는 지금 다음과 같은 일을 고민하고 있다. 나는 소녀에게 성적으로 끌린다고 정직하게 썼다. 그 내용이 현실 속 소녀들에게 정신적인 충격을 줄 가능성이 있다. 나 같은 교육자조차 그녀들을 그렇게 바라보고 있다는 사실이 확실하게 적혀 있으니 말이다. 그녀들은 자신들에게 쏟아지는 성적인 시선이 뿌리 깊다는 걸 알고는 공포감마저 느낄지 모른다. 심지어 이 책 자체도 주니어 아이돌 사진집과 같은 문제점을 품고 있다. 딸아이를 둔 한 어머니에게서 이 점을 지적받고서야 그 사실을 깨달았다.

나는 그 문제를 어떻게 풀어야 할지 아직 잘 모르겠다. 이책을 성인용 서적으로 지정한다고 해서 근본적으로 해결되지는 않는다. 소녀들은 성적인 시선의 바다에 잘 적응해 가면서 어른이 되어 갈 것이니 그다지 걱정할 필요 없다는 목소리도 있다. 그러나 그 바다에 빠져서 상처 입는 소녀들이 있다면 그것을 무시해서는 안 될 것이다. 이에 대해서는 부디 여러분도 고민해 주면 좋겠다. 극히 어려운 문제다.

가장 기뻤던 독자 평은 자신의 섹슈얼리티를 파고들어 가보겠다는 것이었다. 그런 말을 들으면 이 책을 쓰는 데 들인 노력에 대한 보답을 받는 기분이다. 섹슈얼리티 문제를 모두가, 다른 누구도 아닌 자기 일로 여기고 자기 내면을 들여다보기를 나는 무엇보다 바라고 있기 때문이다.

자기 내면으로 파고들어 가는 것에는 아픔과 위험이 동반된다. 그래서 그 방법을 모든 사람에게 권하지는 못하겠다. 하지만 어떤 필연성에 이끌려 스스로 납득하면서 그것을 마쳤을 때는 생각지 못한 새로운 세계가 열릴 수도 있다는 점은 전하고 싶다. 이 책을 쓰면서 나는 그것을 체험했다.

나가며

남성의 성에 대해 쉽게 읽을 수 있고, 눈에서 비늘이 잔뜩 떨어지며*, 읽고 난 뒤에 즐거운 느낌이 남는 책을 써 보고 싶었다. 그러나 써 나가면서 상당히 벅찬 주제를 잡았다는 사실을 깨달아 몇 번이나 쓰기를 멈추었다. 기력을 쥐어짜 겨우 마쳤다.

어쨌든 다른 책에서는 결코 읽을 수 없는 이야기를 많이 담았고, 본질에서 벗어난 것은 쓰지 않았다고 생각한다. 내용에 대한 구체적인 판단은 독자 여러분의 몫이다.

출판사에 원고를 가져갔을 때 처음에는 여성을 독자 대상으로 생각했다. 많은 여성이 여기에 쓰인 '남성의 비밀'을 알지 못하리라 생각했기 때문이다. 하지만 원고를 다 마치고 나서는 여성뿐 아니라 남성들도 읽었으면 하고 바라게 됐다.

•그동안 잘못 알았던 사실을 깨닫는다는 의미의 일본 속담.

남자도 모르는 남성에 대하여

남성들은 자기 문제를 온전히 파악하지 못하는 경향이 있고 특히 이런 주제는 의도적으로 외면하고 있다는 생각이 들었기 때문이다.

꼭 한 가지 여기서 사과하지 않으면 안 될 일이 있다. 그것은 대학에서 연구자인 내가 이런 글을 썼다는 점이다. 학문의 자유를 양보할 생각은 전혀 없지만 대학에서 공부하는 젊은 학생들은 이 책에 대해 여러 가지 불쾌감을 가질 듯하다. 이 지면을 빌려 사과한다. 용서해 주기 바란다. 내 수업에서는 이 책 내용을 결코 다루지 않을 것이다.

이 책이 어디서 시작되었는지 궁금한 분은 졸저《무통문명》을 읽어 보길 권한다. 내가 왜 이런 시각에서 남성의 성 문제를 생각하게 되었는지 이해할 수 있을 것이다. 또 이 책은 조금 느슨한 형태의 '생명론'일 수도 있다. 그 점을 이제부터 따져 나가도 재미있으리라.

원고 단계에서 귀중한 조언을 준 이시다 치슈, 오리이 유카, 가네코 야스시, T.Kael, 츠카하라 히사미, 누마오카 리오, 누마자키 이치로, WAKKI의 모든 분께 감사드린다. 이 책 기획을 이끌어 준 출판사의 이시지마 히로유키 씨께도 감사한 마음 전한다.

　　　　　　　　　　　　남자도 모르는 남성에 대하여

이 책이 한국에서 출간된 것이 2005년이니 어느새 12년의 시간이 흘렀다. 빛과 같은 속도로 정보가 범람하는 21세기의 한국에서 우여곡절 끝에 이 책이 다시 새롭게 출판되어 번역자로서 기쁘기 그지없다. 그리고 그 긴 시간이 지난 후에도 이 책의 가치가 변함없다는 점이 증명되어 뿌듯한 마음도 있다.

이 책은 2005년에 출간된 《느끼지 못하는 남자》 개정증보판이다. 2013년에 출간되었으며, 출간 이후 이야기가 추가되었다.

재출간을 위해 추가 부분을 중심으로 죽 다시 읽어 가면서 가장 먼저 든 생각은 모리오카 교수의 분석과 주장이 일본 사회와 남성성뿐 아니라 한국의 남성성을 이해하는 데 여전히 큰 함의를 지니고 있다는 점이었다.

남성들을 위한 성 매체는 우리 주위에 넘쳐 나지만 그것을 차분히 분석하는 것은 쉽지 않은 작업이다. 도덕적인 태도로 가학적이거나 폭력적인 성적 행위들을 비판하거나, 반대로 억압된 성을 해방시켜야 한다는 명분 아래 이를 전적으로 수용해야 한다는 식의 극단적인 반응이 대부분이다. 그러나 이런 이분법적인 태도를 취하는 순간 구체적인 분석의 대상이 되어야 할 남성들의 섹슈얼리티와 성적 욕망의 문제는 어디론가 사라져 버리는 것은 아닐까? 이것이 번역자가 오랫동안 고민해 온 문제였다.

그러나 정면으로 이런 주제를 다루는 연구와 서적(남성의 목소리로 남성의 문제에 대해서 이야기했다는 의미에서)은 이 책을 처음 번역했던 12년 전과 유사하게 여전히 드문 상황이다. 이런 상황에서 남성이 지닌 성적 욕망의 문제를 간결하고 알기 쉽게 그리고 차분하게 파고들어 간 이 책은 단연 돋보인다. 실제 이 책은 출간 이후 페미니즘 등 관련 학계에서 주목받았을 뿐만 아니라 독자들의 반향도 컸다는 점에서 그 학술적 가치가 명백하다.

남자도 모르는 남성에 대하여

남성 욕망 뒤에 가려진
여성 착취까지 드러내다

기성학자들의 성 담론과는 선을 긋고 있는 모리오카 교수의 이런 입장은 어디서 나온 것일까? 이 책을 읽은 후 모리오카 교수의 다른 연구에 관심을 가질 독자들을 위해 저자의 사상적 배경과 이 책이 나올 당시 일본 사회 분위기에 대해 간략하게 덧붙인다.

모리오카 교수는 윤리학, 생명학을 통해 현대 사회와 과학 기술의 문제에 천착하고 있는 철학자이다. 주요 저서로 2005년 2월 한국에서도 출간된 《무통문명》을 비롯하여 옴진리교 문제를 자신의 사상적 편력과 연결 지어 분석한 《종교 없는 사회를 살아가기 위하여》, 생명학 개론서인 《생명학을 연다》 등이 있다.

그중 일본의 학계뿐만 아니라 한국에서도 주목을 받은 《무통문명》에서 모리오카 교수는 인간이 겪어야 하는 고통을 제거하는 방향으로 흘러가는 현대 문명을 비판하면서 그런 현대 문명이 결국 인간을 '가축화'한다고 경고한다. 모든 신체적인 욕망은 간단히 채워지는 대신 인간에게 이용되기 위해 갇혀 사는 가축들처럼 모든 것이 세밀하게 관리되어 사회에 적합하지 않은 것들은 제거된 환경에서, 신체의 욕망에 몰입하도록 세뇌되는 인간들은 자신의 전 존재가 변화할 수 있는 가능성을 잊은 채 점점 강화되는 무통문명의 흐름에 몸을 맡기게 된다는 것이다.

그 결과 우리가 마주하는 것은 우리 내부에 있는 변화의 가능성, 즉 '생명의 기쁨'을 상실하고 점점 더 관리 사회 속에서 신체의 욕망을 좇게 되는 인간의 모습이다. 신체의 고통을 예방하기 위한 모든 수단이 동원되는 사회, 그리하여 생명의 존엄성은 어느덧 모습을 감추는 현대 사회의 극단적인 예로 최근의 유전자 조작 및 신우생학의 논리를 철저하게 분석하면서 저자는 인간이라면 누구나 잠재적으로 가지고 있는 생명의 힘을 되찾기 위해 무통문명과 싸워 나가야 한다고 주장한다.

일견 저자의 사상은 이 책에서 전개하고 있는 남성론과 직접적으로 관련이 없는 것처럼 보인다. 하지만 남성의 불감증은 모든 것을 포괄하는 다정함과 이해로 연결될 수 있다는 저자의 주장이야말로 그가 지향하는 '생명의 기쁨'을 나눌 수 있는 관계(육체적인 쾌락의 기술적인 추구를 넘어선, 상대방을 전체적으로 이해하는 것)를 의미한다. 상대방과 그러한 관계를 만들어 가기 위해 남성들을 정신적 교감 없는, 신체적 욕망을 좇는 존재로 몰아가는 사회적인 조건들, 즉 자신을 파괴하려는 욕망의 또 다른 형태인 가학적인 쾌감을 찾는 욕망을 분석할 필요가 생겨나는 것이다. 포르노, 교복 모에, 롤리타 콤플렉스 등 이 책에서 분석한 남성들의 성욕을 자극하는 현상들은 바로 이런 점에서 남성들이 거짓된 남성다움에 얼마나 얽매여 있는가, 그리고 그에 비례하여 병적인 성적 욕망이 점차 사회 전반을 지배하기 시작한 것이 아닌가 하는 저자의 우려를 반영하는 것이다.

공격적이라 비판받아 온 남성의 성욕이 스스로의 남성성을 부정하고 파괴하려는 욕구, 더 나아가 자신의 몸을 여성으로 되돌리고자 하는 욕구, 순결한 소녀의 몸을 통해 남성이 아닌 몸으로 새롭게 태어나고자 하는 욕구라는 저자의 해석은 참으로 흥미롭다. 게다가 이 해석이 오늘날 우리 주변에서 흔히 발견할 수 있는 매체와 남성들의 행태를 탐구한 결과라는 점도 놀랄 만하다. 남성 욕망의 구조를 분석하면서 그 욕망을 옹호하는 것이 아니라 그것이 갖는 병리와 그 뒤에 숨겨져 있는 여성 착취의 문제까지 함께 지적하고 있는 저자의 관점은 명백히 페미니즘이 지금까지 이루어 온 학문적 성취에 큰 영향을 받은 것이며, 남성뿐만 아니라 페미니즘에 관심이 있는 여성들에게도 신선한 자극이 되리라 생각한다.

이런 논의가 설득력을 가지는 것은 저자가 이 모든 분석을 철저하게 자기 경험을 통해 행하고 있다는 점이다. 객관적인 제3자로서 '병리적인 심리'를 분석한다는 냉정한 태도가 아니라 그 모든 심리가 바로 자신의 것이었고 그렇기 때문에 자신을 하나의 사례로 삼아 생각해 나간다는 입장은 학자인 저자에게 많은 용기와 노력을 요구하는 것이었으리라. 분야는 다르지만 학문의 길을 걷고 있는 번역자 또한 저자의 이런 용기에 박수를 보낸다.

일본 사회만의 현상일까

마지막으로 이 책을 더 잘 이해하기 위해 도움이 될 두 가지를 정리하면서 이 글을 마치고자 한다. 첫째, 이 책의 5장에서 저자는 '남성 불감증'에서 탈출하기 위한 방법으로 사람들이 빠지기 쉬운 고대의 섹스 테크닉에 대해 엄격하게 거리를 두고 있는데, 이는 일본에서 1995년 발생한 옴진리교의 지하철 사린사건을 그 배경으로 하고 있다. 1960년대 단카이세대의 정치 투쟁이 모두 실패로 돌아갔다는 뼈아픈 기

남자도 모르는 남성에 대하여

억을 안고 1970년대 이후 일본 사회는 외부보다는 개인으로 내향화하는 성격을 띠게 된다. 이런 일본 사회의 성향이 극단화된 형태로 나타난 것이 바로 신흥 종교 옴진리교가 자행한 지하철 사린가스 살포 사건이었다. 옴진리교가 설파하는, 진리에 눈뜨지 않는 대중을 구원할 길은 죽음밖에 없다는 논리 위에서 행해진 무차별 테러였던 이 사건은 그 범죄에 가담한 사람들이 소위 사회적 엘리트층으로 불리는 고학력자들이었다는 점에서 일본 사회에 큰 충격을 던졌다.

모리오카 교수는 옴진리교가 태동한 1980년대부터 그 존재를 알고 있었으며 한때 그에 끌렸다고 한다. 사회가 더는 변화할 가능성이 없으므로 개인 내부로 들어가기를 수련하여 우주와 합일하고자 하는 초기 옴진리교를 알고 있던 저자에게 지하철 사린가스 사건은 엄청난 충격이자 풀리지 않는 수수께끼로 남아 있다.

바로 이런 배경에서 저자는 불감증에서 탈출하려고 고대의 섹스 테크닉을 대안으로 삼는 흐름에 강하게 반대하고 있다. 목적 없는 테크닉, 쾌락이 목적이 되어 버리는 성행위는 옴진리교 사례에서도 볼 수 있듯이 남성 불감증을 치유하는 것이 아니라 오히려 더 끝없는 쾌락을 추구하게 만드는 악순환에 빠뜨릴 가능성이 있다는 것이다. 그렇다면 쾌감을 통해 구원을 찾을 것이 아니라, 그 이전에 왜 그렇게 강렬한 쾌감을 원하게 되는지, 남성 안의 메커니즘을 먼저 생각해 볼 필요가 있다는 것이 저자의 주장이다. 자칫하면 "쾌락 추구가 자신도 모르는 사이에 '권력'과 '욕망' 추구로 바뀌는" 상황에 빠지지 않기 위해 우리는 성적 쾌락의 문제를 단순히 테크닉의 문제 혹은 성적 개방성의 문제로만 바라보아서는 안 된다.

둘째, 이 책은 분명 저자의 개인적인 체험을 바탕으로 쓰였고 일본 사회의 병리를 다루고 있지만, 그의 분석은 일본 사회라는 특수성을 넘어서 많은 시사점을 던지고 있다. 이 책에서 저자가 다루는 남성 불감증, 포르노, 교복 모에, 롤리타콤플렉스 문제는 지금까지 공공연하게 논의되지 못한 주제들이고 한국인 중에는 이런 욕망에 대해 '일본적' 혹은 '병리적'이라는 꼬리표를 붙여 자신과는 관계없는 문제로 생각하려는 사람들도 분명히 존재할 것이다.

그러나 이미 본문에서 지적했듯이 어느덧 우리 주위에 범람하고 있는 성적 매체들은 이 매체들에 대한 수요가 이미 그만큼 존재한다는 사실을 반증하고 있으며, 일본 사회 내부뿐만 아니라 인터넷 등을 통해 실시간으로 전 세계에서 소비되고 있다. 한국 남성들 사이에서 소위 '야동'으로 불리는 일본의 성적 매체가 광범위하게 소비되고 있다는 사실은 일본

남자도 모르는 남성에 대하여

의 포르노에서 유래한 유행어가 어린이들 사이에서까지 유행하고 있는 현실에서도 충분히 확인할 수 있다. 이렇게 남성용 성적 매체의 소비에서 한국이 일본과 유사한 경향을 보이는데도 이를 '일본 사회의 특수성' 혹은 '병리적인 소수의 문제'라는 식으로 논의를 덮어 버린다면, 남성의 병리적 성욕과 남성 불감증 문제는 결코 해결할 수 없을 것이다.

물론 이것이 특수한 성적 기호에 반응하거나 그것을 욕망하는 사실 자체에 대한 부정을 의미하는 것은 아니다. 인간의 성적 욕망은 근본적으로 동물적인 부분과 문화적인 부분으로 구성되며 그런 측면에서 봤을 때 다양한 성적 기호에 흥분하는 것 자체를 비정상으로 단죄할 수는 없다. 다만 저자가 부연하는 것은 인간의 이런 성적 욕망이 가진 양면성을 인식하고 현실과 환상을 나눌 수 있는 능력이 점점 현대의 남성들에게서 사라지고 있다는 점이며, 바로 그런 우려가 이 책의 출발점이다.

이 책이 처음 출간되었을 때, 저자의 우려와 달리 많은 일본 남성이 '이미 잘 알고 있다'는 반응을 보였다는 사실도 흥미롭다. 저자는 1980년대에 학창 시절을 보냈는데, 90년대 이후 청춘을 맞이한 40대 이하의 남성들에게서는 이 책의 내용이 너무나 당연한 것으로 여겨졌다고 한다. 일본에 비해 유교적 윤리가 여전히 사회적으로 강조되고, 징병제라는 제도를 통해 국가 중심의 가부장제가 온존되어 온 한국 사회에서 이 책이 가져올 반향이 오히려 더 크지 않을까? 나아가 2005년에서 10여 년이 흘러 페미니즘에 대한 사회적 요구가 증가하고 있는 지금, 이 책에 대한 반응이 어떻게 달라질지도 지켜보고 싶다.

자신의 몸과 성적 욕망에 대해 단 한번이라도 고민한 적이 있는 남성들, 그리고 그런 남성들과 함께 살아가기 위해 그들을 이해하고자 하는 동반자들(여성을 비롯한 모든 성소수자)이 서로를 조금 더 이해할 수 있는 계기를 이 책이 줄 수 있다면 저자와 번역자로서 그보다 더한 보람은 없을 것이다.

마지막으로 최초 번역 및 재번역 과정에서 많은 도움을 준 저자 모리오카 교수님, 여러 사정으로 잊혔던 이 책을 다시 발굴해 출간해 준 행성비 출판사 그리고 이 책을 읽어 주었고 앞으로 읽어 줄 독자 여러분께 마음 깊은 곳에서 우러나는 감사를 전한다.

2017년 서늘한 바람이 부는 가을 관악산 기슭에서

느끼지 못하는 남자 vs. 느낀다고 가정된 여자

텔레비전을 틀면 교복을 입은 아이돌이 춤추고 노래한다. 서바이벌을 통해 데뷔를 약속하는 한 리얼리티 프로그램은 아예 '아이돌 학교'를 표방했다. 참가자들은 청순함과 건강함을 보여 주기 위해 짧은 교복 치마나 테니스스커트를 입었다. 10대 여성의 섹슈얼리티는 현재 한국에서 가장 잘 팔리는 상품이 되었다. 포르노와 소녀들의 화보집이 문화 상품인 일본과 그리 다르지 않다. 그런 점에서 성애화된 상품을 소비하는 남성들의 욕망을 분석한 《남자도 모르는 남성에 대하여》의 질문은 시의적절하다.

이 책은 '초식남' 담론이 등장하기 시작하던 2005년 일본에서 《느끼지 못하는 남자》라는 제목으로 출간되었다. '초식남'처럼 여자나 섹스 문제에 대해 소극적인 남성들은 이내 사회적 문제로 떠올랐다. 남자는 섹스라면 자다가도 벌떡 일어날 만큼 좋아하는 것이 아니었던가? 우리는 남자라면 젊고 예쁜 여자들을 향해 추파를 보내는 것이 당연하고 자연스러운 것이라고 배워 왔다.

그런데 저자 모리오카는 정반대의 주장을 한다. 섹스가 남성성의 핵심을 차지한다는 사람들의 인식과 달리, 남자들의 불감증이 심각한 상황이라는 것이다. 물론 이때 불감증은 의학적인 명명이 아니라 사회 현상에 대한 은유적 표현이다. 많은 남성이 섹스를 사정이라고 생각하고 있지만, 사정은 근본적으로 배출, 즉 소멸이기 때문에 사정을 통해서는 만족을 얻을 수 없고 불감증에 빠질 수밖에 없다는 것이 모리오카의 주장이다. 모리오카는 이를 논증하기 위해 자신을 증거로 든다. 대학교수인 '성공한 남성'이 '나 같은 평범한 남자'가 불감증이라고 고백한 것이다.

모리오카는 느끼지 못하는 남자는 사정 후 느끼는 공허감을 인정하지 못해 남성 불감증을 외면하고 그로 인해 자신의 신체를 혐오할 수밖에 없다고 주장한다. 그의 분석에 따르면, 남성들의 폭력적 성행위는 느끼지 못하는 남자가 느끼는 여자에게 하는 복수이자 일종의 자해 행위이다. 남성들은 '당하면서 느끼는' 여자와 자신을 동일시한다는 것이다. 그러나 여자가 피학적 고통과 쾌락을 동시에 '느낀다'고 생각하는 것은 남성이다. 여성의 욕망이나 쾌감에 대해서는 질문하지 않은 채, 남성 행위자만을 중심으로 정당화하고 있다는 비판을 피하기 어렵다. 만일 남성이 여성과 자신을 동일시하여 '느끼는 자'가 되고 싶다면, 폭력적 성행위가 반드시 필요한 것은 아니다. AV 자체가 일종의 처벌이자 자해가 될 수 있다는 그의 주장은 여성의 욕망을 도구화한다는 비판에 직면할 수밖에 없다.

남성은 왜 타자를 통해
자기혐오를 극복하려 할까

사실 이 책에서 가장 핵심적인 것은 여성과 동일시하는 남성이라는 가설이다. 모리오카는 남성에게 자신의 신체를 부정하고자 하는 무의식적 욕망이 있다고 설명한다. 단정한 얼굴, 하얀 팬티로 완성되는 교복 페티시즘은 이 욕망의 반영이다. 교복 입은 소녀는 사회규범에 '세뇌'되기 전의 순백의 상태, 성인이 되기 직전을 지시한다. 소녀에 대한 모에화에 이러한 인격을 조정한다는 욕망이 포함된다는 것이다. '울퉁불퉁하고 더러운' 남성 신체를 부정하고 소녀가 되려는 욕망이 롤리타콤플렉스를 추동한다는 설명은 흥미롭지만 설득력이 떨어진다. 롤리타콤플렉스나 문화적 재현을 둘러싼 미성년 여성과 성년 남성 사이의 사회적 권력 차가 다루어지지 않고 있기 때문이다. 한 발 양보해서 동일시가 성년 이전의 매끈한 신체에 대한 동경이라면 물어야 할 것은 남성 신체에 대한 자기혐오가 왜 2차 성징이 일어나기 전 '소년'의 몸이 아닌 소녀의 몸을 경유하는가 하는 질문이다. 남성은 왜 자기혐오를 타자에 대한 무력화로 극복하려 하는가.

'나'라는 일인칭 주어의 문제

이 책을 다 읽은 독자는 여러 감정을 느낄 것이다. 물론 저자는 성범죄자는 처벌받아야 한다고 강조하고 롤리타콤플렉스를 활용하는 소녀 아이돌 제작자나 사진집에 대한 비판도 잊지 않는다. 위장된 '소녀 포르노'가 유통되고 사회 전반의 롤리타콤플렉스화가 문제라는 그의 지적에도 불구하고, 성범죄를 저지르거나 타인을 해친 적은 없지만, AV를 보거나 롤리타 재현물들을 보면 마음이 떨리는 '평범한 남자'의 고백을 읽는 여성의 기분은 복잡하다. 존경받는 학자이자 교수라는 사람도 야동을 보고 교복 입은 소녀를 동경한다는데,

대체 어디에 괜찮은 남자가 있다는 건가 허탈해지기도 한다. 롤리타콤플렉스를 정당화한다고 비난하거나 치밀하지 못한 논리를 비판할 수도 있다.

그러나 여러 문제에도 불구하고, 모리오카의 직관이 보여준 문제의식에는 재미있는 지점이 있다. 남성이 자신의 신체를 부정한다는 가설이다. 몽정 체험이 '내 몸은 더럽다'는 신체 감각을 만들었다는 모리오카의 고백은 섹스를 중심으로 구성된 헤게모니적 남성성의 근본을 부정한다. 이 자기혐오는 여성의 쾌감을 지배할 때의 우월감이나 어딘가에 '엄청난 쾌감'이 있을 것이라는 착각으로 이어진다. 즉 '남자는 원래 그래'라고 여겨진 많은 문제가 느끼지 못하는 남자에서 비롯된다는 것이다. 그런데 여기서 또 오류가 발생한다. 한국에서 몽정은 여자의 생리와 같이 자연스러운 것으로 여겨진다. 세계 여러 문화권에서 생리하는 여성은 금기시되고 공동체로부터 격리된다. 모리오카의 주장처럼 생리는 축하받고, 몽정은 비가시화되는 경험이 아닌 것이다. 이러한 해석에서 여성 경험은 도구적으로 소환된다.

남성은 여성의 신체를 대상화한다. 이는 '남자는 원래 그렇다'는 말과 짝패가 되어 공론장을 떠돈다. 모리오카는 정신분석학적인 설명을 통해서 남성의 불감증을 설명한다. 남성과 여성 사이의 대상화와 동일시의 문제는 보기보다 복잡하다는 것이다. 남성 신체에 대한 부정과 여성 신체에 대한 동일시는 남성의 자아 이미지가 생각보다 단일하지 않다는 것을 보여 준다. 이를 증명하기 위해서는 여성과 남성 사이의 성별 위계나 권력관계의 문제 혹은 여성과 남성의 범주 자체에 대한 문화, 역사적 분석이 뒷받침되어야 한다. 모리오카의 설명에서 가장 결여된 부분이 바로 이것이다.

소녀를 성애화하는 산업이 발달한 일본이나 동아시아의 상황에서 필요한 것은 정신분석학적 설명뿐만 아니라 사회문화적 분석이다. 일본이 여성의 섹슈얼리티를 재현하는 방식에는 아시아적 제국주의와 패전의 경험이 중요한 영향을 미쳤다. 이에 대한 분석 없이 정신구조만을 분석하는 데에는 한계가 있을 수밖에 없다. 그런데 모리오카는 이 증명을 피하는 방법으로 '나'라는 일인칭 화자를 주어로 선택한다. 에세이의 형태를 한 이론서라는 이 책의 접근 방식은 전략적으로 유효하지만, 비판을 면하기 어려운 지점이기도 하다.

모리오카의 주장은 사실상 '느끼는 것으로 가정된 여자'라는 항 없이는 설명이 불가능하다. 왜 여성이 느끼는 주체로 상정되어야 하는가? 사실 여자는 언제나 "너무 느껴서 문제"이거나 "전혀 못 느껴서 문제적"인 이중적 위치에 놓여 있었

남자도 모르는 남성에 대하여

다. 이 판타지를 유지하기 위해 현실의 여성들이 겪어야 하는 피해가 심각한 것은 두말할 것도 없다. 모리오카는 '나'라는 화법으로 이 곤란 역시 피해 간다. 불감증인 남성들의 욕망이 투사해서 만들어 내는 것이 '느끼는 것으로 가정된 여자'인데, 이 책의 화자는 평범한 남성인 '나'이기 때문에 여성의 욕망에 대해서는 말할 필요도 없고, 말할 수도 없는 것이다.

가장 좋은 해결책은 남성들이 자기 몸을 주체적으로 받아들이는 것이다. 모든 성적 판타지가 남성의 성행위에 대한 과대평가에서 출발한다는 점을 인지해야 한다. 남성의 섹슈얼리티에 대한 신화를 해체하지 않는 한, 성적 위계화를 극복하는 것은 쉽지 않기 때문이다. 남성에게는 이성과 정신을, 여성에게는 감성과 육체를 할당하는 방식의 젠더 규범 속에서 남성의 육체나 여성의 지성은 간과되어 왔다. 근대성의 젠더에 대한 페미니즘적 응전이 이루어진 후에도 남성의 몸에 대해서는 제대로 탐구하지 못했다. 그런 점에서 남성에 대한 사유는 더 다양한 각도에서 이루어져야 한다. 남성의 섹스, 남성의 욕망에 이르기까지 당연하다고 가정되어 온 항목들에 대해 물음표를 던져야 하는 때인 것이다.

허윤(연세대 젠더연구소)

주

* 1장 〈미니스커트만 있으면 진짜 여자는 필요 없다?〉는 《어딕션과 가족》(제17권 제4호, 2000, pp. 371~76)에 발표한 논문을 바탕으로 썼다. 관심 있는 분은 다음 논문도 참고하기 바란다. 누마자키 이치로沼崎一朗의 〈미니스커트의 문화기호학〉《현대문명연구》 제4호, 2001, pp. 297~310), 무라세 히로미村瀬ひろみ의 〈'성적신체'의 현상학〉《현대문명연구》 제5호, 2002, pp. 384~396) 등이다.

1. 《남자의 성》, アウトロー文庫, 1992, p. 86, p. 180.
2. 《오르가슴의 기능》(상), 太平出版社, 1970, p. 227[원저, 1948].
3. Michael Ventura, "Coming" in Keith Thompson(ed.), *TO be a Man*, Jeremy P. Tarcher, 1991, p. 124.
4. 《남자라는 것》, p. 152.
5. 《생명학으로 무엇을 할 수 있는가》, 勁草書房, 2001, pp. 278~79.
6. William H. Masters et al., *Human Sexuality 5th ed*, Harper Collins, 1995, p. 586.
7. 《섹스신화해체신서》, 치쿠마문고, 1995, pp. 70~71[원저, 1988].
8. 《성을 사는 남자》, 판도라, 1997, p. 25.
9. Alfred C. Kinsey et al., *Sexual Behavior in the Human male*, 1948, pp. 159~160.
10. William H. masters and Virginia E. Johnson, *Human sexual Response*, Little Brown and Company, 1966, pp. 214~217.
11. Bernie Zilbergeld, *The New male Sexuality*, Bantam Books, 1992, p. 95.
12. 《남성 신화》, 徑書房, 1991, p. 96.
13. 《남성 신화》, 徑書房, 1991, p. 157.
14. 전쟁터에서 일어나는 성폭행에 대해서는 브라운 밀러의 《레이프/유린된 의지》(勁草書房, 2000), 히코사카 타이의 《남성 신화》 등 많은 문헌이 있다. 또

남자도 모르는 남성에 대하여

성폭행을 하는 남자에 대해 관심 있다면 스기타 사토루의 《레이프의 정치학》
(明石書店, 2003)이 필독서다.

15. 《에로티시즘》, 치쿠마학예문고, 2004, p. 103[원저, 1957; 한국어판: 조한경
    옮김, 《에로티즘》, 민음사, 1991].

16. 슬랭 엮음, 《한숨》(판도라, 1998[원저, 1994]); 바백 엮음, 《기쁨》(판도라,
    1997[원저, 1984]) 등 참조.

17. 《레이프/유린된 의지》, p. 324.

18. 《스피카 제1호》, 메디아보이, 2001, pp. 99~100.

19. 하야미즈 유키코, 《연애할 수 없는 남자들》, 大和書房, 2002, P. 40.

20. 이노우에 세츠코, 《늘어나는 소녀 성매매, 어린이를 사는 남자들》, 新評論,
    2001, pp. 79~80.

21. 위의 책, p. 79.

22. 이시카와 요시유키, 《친족에 의한 성적 학대》 제5장(ミネルヴァ書房, 2004)
    등 참조.

23. 오쓰카 에이지, 《소녀 민속학》, 光文社, 1989, p. 12.

24. 레이 와이어와 팀 테이트, 《왜 소녀만을 노렸는가》, 草思社, 1999[원저,
    1995], pp. 116~117.

25. 이시카와 요시유키, 《친족에 의한 성적 학대》, p. 243.

26. Mantak Chia and Douglas Abrams Arava, *The Multi-Orgasmic man*,
    Thorsons, 1996.

27. Charles and Caroline Muir, *Tantra: The Art of Conscious Loving*,
    Mercury House, 1989.

28. 《플라토닉 애니멀》, 정보센터출판국, 1992.

29. 《무통문명》, トランスビュー, 2003, p. 33.

옮긴이 김효진

1974년생. 서울대 인류학과를 졸업한 후 하버드 대학교 인류학과에서 철학 박사 학위를 받았다. 현재 서울대 일본연구소 조교수다. 오타쿠 문화를 중심으로 한 현대 일본의 대중문화, 젠더정치학, 한일 문화 교류, 세계화 속의 문화민족주의, 인터넷 커뮤니케이션 등을 주로 연구한다. 함께 쓴 책으로 《젠더와 일본 사회》《한일관계사 1965-2015》 등이 있다.

남자도 모르는 남성에 대하여

초판 1쇄 발행   2017년 11월 27일

지은이   모리오카 마사히로
옮긴이   김효진

펴낸곳   (주)행성비
펴낸이   서재필

책임편집   여미숙
디자인   최선영

편집팀   박강민
마케팅팀   오창록
경영지원팀   이순복

출판등록번호   제313-2010-208호
주소   서울시 마포구 토정로 222 한국출판콘텐츠센터 318호
대표전화   02-326-5913
팩스   02-326-5917
이메일   hangseongb@naver.com
홈페이지   www.planetb.co.kr

ISBN 979-11-87525-56-1 03300

※ 값은 뒤표지에 있습니다. 잘못 만들어진 책은 구입하신 서점에서 교환해 드립니다.
※ 이 도서의 국립중앙도서관 출판예정도서목록(CIP)은 서지정보유통지원시스템 홈페이지(http://seoji.nl.go.kr)와 국가자료공동목록시스템(http://www.nl.go.kr/kolisnet)에서 이용하실 수 있습니다.(CIP제어번호: CIP2017028043)

행성B는 독자 여러분의 참신한 기획 아이디어와 독창적인 원고를 기다리고 있습니다.
hangseongb@naver.com으로 보내 주시면 소중하게 검토하겠습니다.